58 TOUREN & SEHENSWERTES

TOUR-SYMBOLE		**PREIS-SYMBOLE**	
1 Die POLYGLOTT-Touren		Hotel DZ	Restaurant
6 Stationen einer Tour	€	bis 60 NZ$	bis 18 NZ$
A1 Die Koordinate verweist auf	€€	60 bis 150 NZ$	18 bis 25 NZ$
die Platzierung in der Faltkarte	€€€	über 150 NZ$	über 25 NZ$
a1 Platzierung Rückseite Faltkarte			

POLYGLOTT

NEUSEELAND

ON TOUR

DIE AUTOREN

**BRUNI GEBAUER
UND STEFAN HUY**

leben seit über 30 Jahren in Deutschland und Neuseeland.
Die beiden Journalisten haben die fernen Inseln zu
ihrer zweiten Heimat gemacht. Ihnen gefällt, dass Down Under
vieles unkomplizierter ist, die Menschen freundlich
miteinander umgehen und die weiten Naturlandschaften
Platz zum Durchatmen lassen.

Unser E-Book-Code zur elektronischen Erweiterung des
POLYGLOTT on tour. Das kostenlose E-Book enthält die im
Reiseführer aufgeführten Adressen entlang der Touren,
beispielsweise zu Essen und Trinken, Shoppen, Aktivitäten
und Hotel-Tipps. Links auf einen externen Kartendienst
vereinfachen das Auffinden dieser Adressen.

SEITENBLICK

ERSTKLASSIG

ALLGEMEINE KARTEN

REGIONEN-KARTEN

STADTPLÄNE

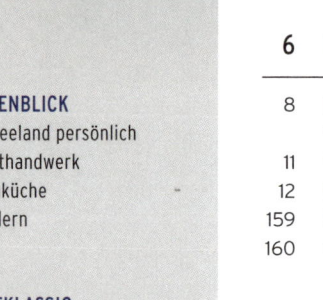

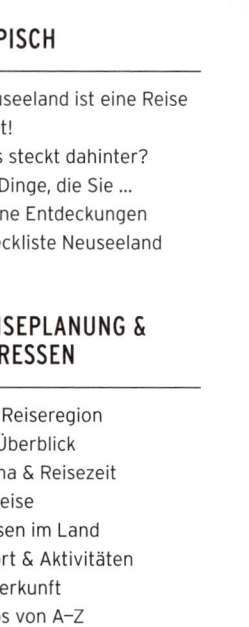

SYMBOLE ALLGEMEIN

Erstklassig: Besondere Tipps der Autoren

Seitenblick: Spannende Anekdoten zum Reiseziel

12 Top-Highlights und

Highlights der Destination

Nordinsel S. 60

Great
Barrier I.

Coromandel
Coromandel
Peninsula
Whangamata
ames
Waihi
START
Tauranga Waihau Bay
amilton Bay of Plenty East Cape
Whakatane
Rotorua Kawerau Opotiki Te Puia Springs
wamutu
Te Urewera N.P.
Taupo
Lake Taupo
Turangi Waikaremoana Tolaga Bay
Whakapapa
Tongariro N.P. Gisborne
Waiouru
Taihape Wairoa
Napier Mahia Peninsula
Hawke Bay
Cape Kidnappers
Hastings
Imerston
rth Waipukurau
Dannevirke
evin Woodville
Castle Point
Masterton
Martinborough
n
e Palliser

A Z I F I S C H E R

O Z E A N

N

0 ────────── 100 km

Perfekte Planung › Parallel
vordere Klappe aufschlagen

TOP-12-HIGHLIGHTS

ZEICHENERKLÄRUNG
DER KARTEN

 beschriebene Region
(Seite=Kapitelanfang)

 Sehenswürdigkeiten

 Tourenvorschlag

 Autobahn

Schnellstraße

Hauptstraße

sonstige Straßen

Fußgängerzone

Eisenbahn

Staatsgrenze

Landesgrenze

Nationalparkgrenze

Neben wildem Meer und zerklüfteten
Felsen bietet Nugget Point einen
schneeweißen Leuchtturm auf

TYPISCH

NEUSEELAND IST EINE REISE WERT!

Der Inselstaat lockt als einzigartiges Naturparadies mit landschaftlicher Vielfalt, urzeitlicher Wildnis und malerischen Küsten. Doch Neuseeland macht auch Lust auf mehr – dank einer kreativen, multikulturellen Gesellschaft mit ebenso eigenwilligen wie liebenswerten Menschen.

BRUNI GEBAUER UND STEFAN HUY

leben seit über 30 Jahren in Deutschland und Neuseeland. Die beiden Journalisten haben die fernen Inseln zu ihrer zweiten Heimat gemacht. Ihnen gefällt, dass Down Under vieles unkomplizierter ist, die Menschen freundlich miteinander umgehen und die weiten Naturlandschaften Platz zum Durchatmen lassen.

Das Fernziel auf der Südhalbkugel liegt von Europa so weit weg wie kein anderer Flecken auf der Erde. Dennoch wirkt vieles vertraut: moderne Urbanität, westliche Lebensart, ein gemäßigtes Klima, gut ausgebaute Straßen und grüne Weiden mit Rindern oder Schafen.

In der Küstenstadt Napier kommen einem beim Flanieren auf der Strandpromenade Urlaube am Mittelmeer in den Sinn, in Queenstown, in einem Café am Lake Wakatipu, ähnelt die traumhafte Aussicht der in einer prominenten Schweizer Seenlandschaft. Und wenn man durch den eindrucksvollen Milford Sound kreuzt, denkt man unwillkürlich an skandinavische Fjorde. Die Hauptstadt Wellington überrascht nicht nur mit einem anspruchsvollen Kulturangebot, sie kann es auch in Sachen Stil, Eleganz und Lebensart leicht mit anderen städtischen Zentren aufnehmen.

Erst auf den zweiten Blick mutet Neuseeland exotisch an: heiß sprudelnde Quellen, fauchende Geysire und aktive Vulkane, Pflanzen und Tiere, die nirgendwo sonst auf der Welt vorkommen, und nicht zuletzt Einwanderer aus allen Teilen der Welt, darunter viele Südseeinsulaner mit ihrer farbenfrohen Kultur. Wer einmal in den polynesischen Alltag hineinschnuppern will, sollte den Wochenmarkt in Aucklands südlichem Vorort Otara besuchen, wo mit frisch geernteten Kokosnüssen, Taro-Wurzeln, bunt gemusterten Wickeltüchern und geflochtenen Körben gehandelt wird.

Die meisten Neuseelandreisen starten ohnehin in Auckland, der extravaganten Metropole auf der Nordinsel. Erste Gelegenheit, den großstädtischen Lifestyle Down Under kennenzulernen und kulinarisch auf den Geschmack zu kommen. Am besten in einem der Szeneviertel wie Ponsonby, oder gleich Downtown, an der schicken Waterfront.

Keine Frage, das wahre Neuseeland beginnt erst jenseits der Stadtgrenzen. Dort hat alsbald Natur die Überhand, ist Platz für reißende Wildwasser, sturmumtoste Felsküsten, endlose Sandstrände, monumentale Hochgebirge und ausgedehnte Regenwälder, die Sie tagelang durchwandern können.

Neuseelands Trumpf: Nirgendwo sonst auf der Erde zeigt sich die Landschaft auf verhältnismäßig kleinem Raum so vielgestaltig. Natur im Überfluss bietet vor allem die Südinsel, an der Nordspitze noch sonnenverwöhnt und von Badestränden gesäumt. Liebliche Landschaften wie die labyrinthischen Wasserwege der Marlborough Sounds oder die verträumte Golden Bay überwiegen. Hier sollten Sie fangfrische Meeresfrüchte kosten: pralle Grünschalenmuscheln, fleischige Austern, Jakobsmuscheln und verschiedenste delikate Speisefische. Dazu einen süffigen Sauvignon Blanc von einem der zahlreichen umliegenden Weingüter – so schmeckt Neuseeland!

Weiter südlich nimmt die Südinsel schroffere Gestalt an, Hochgebirge türmen sich auf, das Klima wird rauer, allemal wenn kühle Winde aus der Antarktis hereinwehen. Doch die dünn besiedelten Gegenden kommen Naturfreunden gerade gelegen. Viele junge Leute aus der ganzen Welt sind hier unterwegs, oftmals Backpacker mit Rucksack und einem Ticket für die preisgünstigen Überlandbusse. Die Fahrt entlang der wilden, von Regenwald begrünten Tasman-Küste gehört zwar zum touristischen Pflichtprogramm, bleibt aber empfehlenswert für Individualisten. Allein schon

Neuseelands abwechslungsreiche Natur eröffnet minütlich neue Perspektiven

Pelzrobben waren fast ausgestorben, doch das Jagdverbot rettete sie

wegen der bizarr erodierten Klippen bei Punakaiki und der dicht ans Meer vorstoßenden Gletscherzungen weiter südlich.

Verpassen Sie bei gutem Wetter auf keinen Fall die Wanderung zum Lake Matheson und damit das fantastische Spiegelbild der nahen Berggipfel im See. Wer sich für die noch junge neuseeländische Historie interessiert, reist in den hohen Norden der Nordinsel zur wunderschönen Bay of Islands, wo die ebenso kurze wie stürmische Geschichte des Landes liebevoll bewahrt und präsentiert wird und Zeit bleiben sollte für einen Besuch uralter Wälder mit riesigen Kauri-Bäumen, die von den Maori als Waldgottheiten verehrt werden.

Neuseelands friedfertige Fauna ermuntert nicht zu aufregenden Safaris, doch die ein oder andere Tierart lohnt schon eine nähere Betrachtung: ob die stattlichen Königsalbatrosse und putzigen Pinguine auf der Otago-Halbinsel bei Dunedin oder Wale, Delfine und Robben in den Küstengewässern von Kaikoura. Einen Kiwi bekommen Sie in freier Wildbahn allerdings nur mit viel Glück zu Gesicht. Zumindest den scheuen, struppigen Laufvogel. Dafür machen Sie unterwegs sicherlich reichlich Bekanntschaft mit den anderen Kiwis, den Neuseeländern selbst, bekannt für ihre Gastfreundschaft und Geselligkeit. Viel Spaß bei den Antipoden!

WAS STECKT DAHINTER?

Die kleinen Geheimnisse sind oftmals die spannendsten. Hier werden die Geschichten hinter den Kulissen erzählt.

WAS BEDEUTET NEUSEELANDS MAORI-NAME AOTEAROA?

Aotearoa bedeutet »Land der langen weißen Wolke«. Wolken sind immer das erste, was auf hoher See von einer Landmasse zu sehen ist. So mag es auch den Maori auf der Suche nach Neuland ergangen sein. Laut Mythologie war es ein Maori-Mädchen, das »he ao, he ao« (»eine Wolke, eine Wolke«) rief, als es etwas Weißes (tea) am Horizont erblickte – sie hatte die heutige Insel Great Barrier Island entdeckt. Wenig später kündigten lang gezogene Wolken eine größere Landmasse an – die Nordinsel. Sie wurde Aotea-roa, langes Aotea, genannt.

WARUM TRÄGT NEUSEELANDS FLAGGE VIER STERNE?

Die Landesflagge zeigt auf blauem Grund links den Union Jack und rechts vier fünfzackige Sterne, die das Kreuz des Südens symbolisieren. Die Bewohner der Südhalbkugel sehen in dem Sternbild ein Sinnbild ihrer gemeinsamen Identität, Neuseeland, Australien und Brasilien haben es daher in ihre Nationalflaggen aufgenommen. Um das Design der Fahne entbrennen immer wieder Diskussionen, weil in den Augen vieler Kiwis der Union Jack für die vergangene Kolonialzeit steht und zudem die Kultur der Maori nicht repräsentiert ist.

WOHER STAMMEN EIGENTLICH KIWI-FRÜCHTE?

Ursprungsland der *hairy berry* ist China. 1904 gelangten die ersten Samen nach Neuseeland, wo die Früchte zunächst als »Chinesische Stachelbeere« vermarktet wurden. Die Bezeichnung *kiwifruit* ist erst seit 1959 in Umlauf. Zentrum des neuseeländischen Kiwi-Anbaus ist die Bay of Plenty. Auf den Plantagen rund um Te Puke › S. 93 herrschen bezüglich Klima und Boden ideale Voraussetzungen für ertragreiche Ernten. Heute gehen zwei Sorten in den Export: Grüne Kiwis sind vor allem für Europa bestimmt, während die süßeren *gold kiwifruits* in Asien großen Absatz finden.

WOZU LADEN »OPEN-HOME«-SCHILDER AN DER STRASSE EIN?

Wenn Neuseeländer ihr Eigenheim verkaufen wollen, ist es Usus, die Immobilie zu bestimmten Terminen zur Besichtigung freizugeben. Dann hat jeder Zutritt, ob echter Kaufinteressent oder neugieriger Passant. Tag und Uhrzeit werden auf Hinweisschildern am Straßenrand bekannt gegeben. In der Regel sind Makler involviert, die das gesamte Prozedere abwickeln und die Besucher in Empfang nehmen. Die Eigentümer suchen meist das Weite, während wildfremde Menschen sich in ihren Privaträumen umsehen.

50 DINGE, DIE SIE ...

Hier wird entdeckt, probiert, gestaunt, Urlaubserinnerungen werden ge-
sammelt und Fettnäpfe clever umgangen. Diese Tipps machen Lust auf
mehr und lassen Sie die ganz typischen Seiten erleben. Viel Spaß dabei!

... ERLEBEN SOLLTEN

1 **Waka-Paddeltour** In Karitane
🔖 E16 bei Dunedin starten Touren
auf dem Waikouaiti River, bei denen
man selbst ein Maori-Kanu steuert
und unterwegs Interessantes über
die Traditionen des lokalen Kati-
Huirapa-Stammes erfährt (www.karita
nemaoritours.nz, ca. 2 Std., 110 NZ$).

2 **Südpol-Feeling** Sie müssen an
keiner Polarexpedition teilnehmen,
um die Welt des ewigen Eises kennenzulernen: Erkunden Sie im Schnee-
mobil das Areal des Antarctic Centre 🔖 F13 bei Christchurch und
statten Sie den Pinguinen einen Besuch ab (38 Orchard Rd., tgl. 9–17.30 Uhr,
www.iceberg.co.nz, 59 NZ$).

3 **Haka on the Park** Neuseelands
Rugby-Team führt vor jedem Match
einen Haka auf. Im Eden Park 🔖 J5
in Auckland, Heimatstadion der All
Blacks, können Sie den furchtein-
flößenden Maori-Kriegstanz auf dem
heiligen Rasen erlernen (Sa 14 Uhr,
90 Min., 99 NZ$, www.edenpark.rezdy.com).

4 **Klimarettung** Beim Wanaka
Eco Encounter 🔖 D15 begegnen Sie
nicht nur seltenen Vögeln und ent-
decken einen See auf einer Insel im
See. Sie bekommen auch Gelegenheit, einen einheimischen Baum zu
pflanzen – ein guter Grund, wieder
nach Neuseeland zu kommen (www.
ecowanaka.co.nz, ca. 8 Std., ab 420 NZ$).

5 **Goldrausch** In Ross › S. 125,
dem Fundort des größten bislang in
Neuseeland entdeckten Nuggets,
können Sie bei der Visitor Information Spaten und Pfanne leihen. Das
Gold, das Sie damit auswaschen,
dürfen Sie behalten. Viel Glück!

6 **Greenstone-Suche** Bei einer
Wanderung entlang dem Arahura
River bei Hokitika › S. 125 lernen Sie,
wie man Greenstone von Flusskie-
seln unterscheidet. Mit einem besonders schönen Fundstück können
Sie danach zur Erinnerung eine
Halskette gestalten (www.greenstone
tours.co.nz, 2 oder 4 Std., ab 189 NZ$).

7 **Höhlenabenteuer** In den Waitomo Caves › S. 83 nordwestlich von
Te Kuiti treiben Sie beim Black Water Rafting auf Reifen unter einem
Glühwürmchenhimmel durch unterirdische Wasserläufe zurück ans
Tageslicht (www.waitomo.com).

8 **Luftnummern** Nördlich von
Nelson überspannt Neuseelands
längste Hängebrücke die tiefe Buller
River Gorge › S. 123. Wer lieber

Die Hängebrücke über den Buller River wird nicht ohne Grund auch Swingbridge genannt

schwebt als schwingt, nimmt die Zipline. Auf der anderen Seite der Schlucht starten kurze Bush Walks (SH6, www.bullergorge.co.nz).

9 **Do-it-yourself-Spa** Am windumtosten Kawhia Hot Water Beach › S. 82 sickern heiße Quellen in den schwarzen Sand und verwandeln bei Ebbe selbstgegrabene Löcher in kleine Thermalpools.

10 **Besuch bei den Hobbits** Hobbingen im Auenland gibt es wirklich: Bei einem Besuch des Filmsets auf einer Schaffarm bei Matamata K6 spazieren Sie an Hobbithöhlen vorbei, lauschen Anekdoten zum Dreh und trinken danach im »Grünen Drachen« ein kühles Hobbit-Bier (www.hobbitontours.com, 84 NZ$).

... PROBIEREN SOLLTEN

11 **Polynesisches Festmahl** In Rotorua kann man im Rahmen eines Marae-Besuches auch ein traditionelles Hangi › S. 87 genießen. Dabei werden Speisen serviert, denen mehrstündiges sanftes Garen in heißem Dampf ein ganz besonderes Aroma verleiht.

12 **Hokey Pokey** Vanilleeis mit kleinen Toffeestückchen ist das Lieblingseis der Kiwis und schmeckt besonders gut, wenn Rush Munro's draufsteht. Probieren Sie die klebrige Köstlichkeit dort, wo 1926 die Erfolgsgeschichte der Manufaktur begann: in Rush Munro's Ice Cream Garden L8 in Hastings (704 Heretaunga St. W., www.rushmunro.co.nz).

13 Glücklicher Lachs Zuchtfische aus den sauberen Schmelzwassern der Southern Alps sind eine Delikatesse. Auf der Anatoki Salmon Farm  G10 bei Takaka können Sie Lachse selbst angeln und gleich vor Ort nach Wunsch zubereiten lassen – geräuchert oder hauchdünn geschnitten als Sashimi (230 McCallum Rd., www.anatokisalmon.co.nz).

14 Whittaker's Chocolate Bereits seit 1896 gibt es das Familienunternehmen mit Sitz in Porirua J10 bei Wellington. In jedem Supermarkt, jeder Dairy sind die goldfarbenen Tafeln erhältlich. Durch die Schließung von Cadbury in Dunedin avancierte Whittaker's zum größten Schokoladenhersteller des Landes.

15 Lust auf Languste? Bei Nin's Bin H12, einem Imbiss am Strand 20 km nördlich von Kaikoura, bekommt man die Krustentiere fangfrisch und mit Ozeanblick. Dazu ein Glas Sauvignon Blanc aus der Kühltasche – perfekt (SH1, Rakautara)!

16 Hochprozentiges aus Obst In der sonnenverwöhnten Marlborough-Region reifen Früchte, aus denen Prenzel H11 edle Brände destilliert. Wer an einer Verkostung teilnehmen möchte, sollte allerdings das Auto stehen lassen (28 Sheffield St., Blenheim, www.prenzel.com).

17 Potluck Dinner Bei einer solchen Einladung kommt auf den Tisch, was immer die Gäste zum

Der kleine Ort Manaia ist Sitz einer riesigen Brotfabrik – der »Big Loaf« lässt dies nicht in Vergessenheit geraten

Büfett beitragen – ein kulinarischer Drahtseilakt, bei dem etwas »Topfglück« nicht schadet.

18 Wild ganz zahm Neuseeländisches Hirschfleisch zergeht auf der Zunge und schmeckt nur dezent nach Wild, weil die Tiere auf Farmen gezüchtet und jung geschlachtet werden. Das Redcliff Café › S. 135 in Te Anau serviert *venison* mit Püree aus wildem Kürbis.

19 Fish & Chips Backfisch und Pommes stehen als Snack bei den Kiwis hoch im Kurs. Bei Oceanz Seafood 🔖 J5 im Auckland Fish Market haftet dem knusprigen Fisch noch der Geschmack von Ozean an (Jellicoe/Daldy Sts., www.oceanz.co.nz).

20 Pie Unter seiner Haube kann sich fast alles verbergen – die Reste von gestern oder beste, raffiniert kombinierte Zutaten. Letzteres ist der Fall bei Who Ate all the Pies, wo Sie die Variante mit Lamm, Thymian und Rosmarin probieren sollten (Geschäfte: www.whoateallthepies.co.nz).

... BESTAUNEN SOLLTEN

21 König der Lüfte Es ist schon ein toller Anblick, wenn über der Royal Albatross Colony am Taiaroa Head › S. 140 die riesigen Meeresvögel ihre Kreise ziehen. Gut zu beobachten bei einer Wildlife Cruise an Bord der »Monarch«, die in der Nähe ablegt (www.wildlife.co.nz, 96 NZ$).

22 Errötende Insel Wenn Sie um Weihnachten in Auckland sind, sollten Sie mit der Fähre nach Rangitoto Island › S. 73 übersetzen. Auf der Vulkaninsel steht dann nämlich der größte Pohutukawa-Wald Neuseelands in voller Blüte.

23 Musterbuch für Tattoos Bei Gottfried Lindauers Maori-Porträts in der Auckland Art Gallery › S. 68 fallen besonders die *mokos* ins Auge. Fast plastisch wirken die verschlungenen Linien der Tattoos, die vom Rang ihres Trägers in der Maori-Gesellschaft erzählen.

24 Big Things Neuseeländische Kleinstädte machen gern mit riesigen Skulpturen am Straßenrand auf regionale Besonderheiten aufmerksam. Schon von Weitem zu sehen

Stolze 2000 Jahre soll der Baumriese Tane Mahuta bereits auf dem Buckel haben

sind die Big Kiwi in Te Puke › S. 93, die Big Carrot J8 in Ohakune, der Big Salmon F14 in Rakaia und der Big Crayfish in Kaikoura › S. 118.

25 Fliegendes Schiff Im MOTAT › S. 70 in Auckland ist die »Aranui« zu bewundern, das letzte international eingesetzte Flugboot. Der mächtige Hochdecker verkehrte in den 1950er-Jahren auf der Coral Route zwischen Auckland und Tahiti.

26 Neuseelands Pompeji Der Ausbruch des Mt. Tarawera 1886 begrub das Dorf Te Wairoa K7 unter Asche und Schlamm. Einige Häuser wurden wieder freigelegt und geben heute als Buried Village Zeugnis von den Ereignissen (1180 Tarawera Rd., tgl. 9–17 Uhr, www.buriedvillage.co.nz, 35 NZ$).

27 Uralte Baumriesen Im Waipoua Forest › S. 78 haben ein paar uralte Kauri-Fichten den Rodungs-

wahn der Pionierzeit überlebt. Blicken Sie mit gebührender Ehrfurcht auf zum Wipfel des 51,5 m hohen Tane Mahuta, den die Maori als »Herrn des Waldes« verehren.

28 Brücke ins Nirgendwo Die Siedlung, für die sie einst gebaut wurde, ist längst verschwunden – heute steht die Bridge to Nowhere mitten in der dschungelartigen Wildnis des schwer zugänglichen Whanganui-Nationalparks › S. 86. Man erreicht sie mit dem Jetboat oder Kanu von Pipiriki aus.

29 Die Erde bebt Das Volcanic Activity Centre in Turangi K8 am Lake Taupo zeigt in Simulationen und interaktiv, warum Geysire ausbrechen und wie es zu dem schweren Erdbeben in Christchurch kam (1 Ngawaka Pl., SH 1, Turangi, tgl. 9–16 Uhr, www.volcanoes.co.nz, 12 NZ$).

30 Überlebenskünstler Zwei der ältesten erhaltenen Bauten Neuseelands stehen in Kerikeri › S. 77: der klobige Stone Store und daneben das zierliche Mission House. Sie spiegeln die ganz frühen Pioniertage und ihre spartanischen Lebensumstände wider.

... MIT NACH HAUSE NEHMEN SOLLTEN

31 Süße Medizin Manuka-Honig schmeckt nicht nur köstlich, er ist auch ein bewährtes Naturheilmittel mit antibakterieller Wirkung. Bei The Honey Hive K7 darf probiert werden, was die Bienen in gläsernen Waben *(hives)* so emsig produzieren (65 Karetoto Rd., Wairakei Park, Taupo, www.hukahoneyhive.com).

32 **»Swannies«** Wind- und wasserabweisende groß karierte Überzieher von Swanndri, wie sie von jeher die Kiwi-Farmer tragen, sind heute auch bei Städtern Kult. Man bekommt sie in den meisten Outdoorshops, das komplette Sortiment hat der Swanndri Retail Store ▮ G13 in Christchurch (75 Clarence St., Tower Junction, www.swanndri.co.nz).

33 **Sternenhimmel Down Under** Den können Sie gedanklich mitnehmen, wenn Sie in klaren Nächten die Sternenkonstellation am Südhimmel studieren und sich das markant leuchtende Kreuz des Südens einprägen – z.B. in Lake Tekapo › S. 128, das zu den besten Sternenbeobachtungsplätzen der Welt zählt.

34 **Der Eine Ring** Der Juwelier Jens Hansen ▮ G10 aus Nelson entwarf »The One Ring« für die Verfilmung der »Herr-der-Ringe«-Trilogie und verkauft ihn heute als Replik – wie das Original in Gold oder budgetschonend in Silber, auf jeden Fall aber mit elbischen Runen (320 Trafalgar Sq., www.jenshansen.com).

35 **Die Welt steht Kopf** Auf der Upside Down Map muss Neuseeland nicht mehr fürchten, aus der unteren rechten Ecke zu rutschen. Gefällt Kiwis und Touristen gleichermaßen und ist in vielen Souvenirläden und Buchhandlungen zu finden (z.B. www.pottonandburton.co.nz).

In Lake Tekapo scheint der Sternenhimmel zum Greifen nahe

Mit dem Sonnenaufgang am East Cape beginnt auf der Erde ein neuer Tag

36 Merinomink Nicht nur kuschelig warm, sondern auch ein Beitrag zum Umweltschutz sind Strickwaren aus feinster Merinowolle und Fellhaaren vom Staatsfeind Nr. 1, dem Possum. Man findet sie in Untouched World-Läden (Adressen unter www.untouchedworld.co.nz).

37 Holz aus der Urzeit Swamp Kauri, im sumpfigen Boden bis zu 50 000 Jahre konserviert, wird im Northland zu Souvenirs verarbeitet. Das seltene, schön strukturierte Holz hat seinen Preis, ein Kochlöffel sollte aber drin sein (Kauri Unearthed ▌G2, 229 SH 1, Awanui, www.ka-uri.com).

38 First Daylight Am East Cape › S. 95 treffen die ersten Sonnenstrahlen des erwachenden Tages auf festes Land und geben ein eindrucksvolles Erinnerungsfoto ab – sofern das Wetter mitspielt.

39 Schlamm für die Schönheit Schon die Maori wussten, dass ein Bad in Thermalschlamm die Haut zum Strahlen bringt. Heute nutzen Kosmetikhersteller wie Pure Source die pflegende Wirkung von *thermal mud* (www.puresource.co.nz).

40 Gelassenheit Eine Prise neuseeländischen Lifestyles lässt Sie im Alltag anders mit ihrem Leben umgehen, nach dem Motto: weniger Stress, mehr Sport und in der Freizeit ab in die Natur.

... BLEIBEN LASSEN SOLLTEN

41 Reiseetappen unterschätzen Auch wenn die Distanzen überschaubar sind, hindern oft zweispurige Highways und kurvenreiche Landstraßen am flotten Fortkommen. Geschwindigkeitsüberschreitungen werden rigoros geahndet. Nehmen Sie sich daher genügend Zeit beim Ankommen!

42 Zu viel Sonne Ob nun das Ozonloch tatsächlich die Ursache ist oder nicht – Hautkrebserkrankungen sind in Neuseeland auffällig häufig. Benutzen Sie Cremes mit hohem Lichtschutzfaktor und meiden Sie die Mittagssonne.

43 Ungeladen ein Marae betreten Maori-Gemeinden schätzen es gar nicht, wenn Fremde einfach in ihr Versammlungsareal eindringen. Melden Sie sich vorher an und bitten Sie um offiziellen Empfang.

44 **Drink and Drive** Am Steuer ist Alkohol tabu. Das Limit liegt in Neuseeland jetzt bei 0,5 Promille. Verstöße werden hart bestraft, außerdem erlischt der Unfallschutz.

45 **Oben ohne baden** FKK ist unüblich an öffentlichen Stränden, auch die nasse Badekleidung wechselt man schamhaft bedeckt. Die wenigen Nacktbadestrände sind unter www.nudebeaches.co.nz gelistet.

46 **Wild campen** Außerhalb von Campsites dürfen Sie Ihr Wohnmobil nur abstellen, wenn es über Chemietoilette und Abwassertank verfügt. Bleiben Sie sauber – für eine intakte Umwelt im Naturparadies.

47 **Aus Bächen und Flüssen trinken** Viele Gewässer in freier Natur beherbergen Giardia-Parasiten, die dem menschlichen Magen-Darm-Trakt übel mitspielen können. Kochen Sie das Wasser stets ab oder entkeimen Sie es.

48 **Dreck am Stecken** Die Biosecurity kontrolliert bei der Einreise oft strenger als der Zoll – gehen Sie daher sicher, dass Wanderstöcke und -schuhe gründlich von alten Schmutzresten gesäubert sind.

49 **Robben auf den Pelz rücken** Die behäbig wirkenden Tiere reagieren aggressiv, wenn man ihnen den Weg ins Wasser versperrt. Sie können dann ein erstaunliches Tempo entwickeln.

50 **Auf einsamen Plätzen parken** Besonders im entrückten Idyll des Northland ist Kleinkriminalität Realität. Wer Wertsachen im Fahrzeug zurücklässt, muss mit Aufbrüchen und Diebstahl rechnen.

Wer ein Marae besucht, sollte vor dem Fotografieren immer erst um Erlaubnis bitten

PENGUINS CROSSING

In Neuseeland bewegen sich manche Verkehrsteilnehmer nur langsam watschelnd fort

REISEPLANUNG & ADRESSEN

DIE REISEREGION IM ÜBERBLICK

Nord- oder Südinsel – wer ist die Schönste im ganzen Land? Sich darüber ein Urteil zu bilden ist allein schon Grund genug, die weite Reise auf die Südhalbkugel anzutreten.

So viel ist sicher: Beide Hälften Neuseelands werden unvergessliche Eindrücke hinterlassen – nicht nur der atemberaubenden Schönheit der von Gletschern und Vulkanen geformten Landschaften, sondern auch der herzlichen Gastfreundschaft der Menschen wegen.

Auf der **Nordinsel** begünstigen wunderschöne Strände und ein mildes Klima die Ausübung aller erdenklichen Wassersportarten. Wer lieber an Land bleibt, wandert im Northland durch dämmrige Regenwälder mit mannshohen Farnen und uralten Baumriesen oder über vulkanisch aufgeheiztes Terrain, vor allem im Inselinnern, wo sich rund um Rotorua das polynesische Neuseeland mit jeder Menge Maori-Folklore präsentiert. Zwischen fruchtbarem Farmland, freundlichen Kleinstädten und gut ausgebauten Highways schützen immer wieder Nationalparks die fragile heimische Natur, wie geschaffen für Wanderer. Im Whanganui National Park erlebt man völlig gefahrlos echten Dschungel, der gemächlich dahinfließende Whanganui River ist Neuseelands beliebtestes Kanurevier. Kulturell Interessierte kommen in den städtischen Zentren auf ihre Kosten, insbesondere in der Hauptstadt Wellington. Der Historie des noch jungen Staates kann man am besten in der Bay of Islands nachspüren. Umwege an die Ostseite werden mit einsamer Wildnis im Eastland, Ferienidyll auf der bei Aussteigern beliebten Coromandel-Halbinsel oder dem Art-déco-Charme Napiers belohnt. Im entlegenen Westen lockt weithin sichtbar der fast symmetrische, an den japanischen Fujiyama erinnernde Vulkankegel des Mount Taranaki.

💬 ALLES IST VERKEHRT

Dass Neuseeland auf der anderen Erdhalbkugel liegt, hat einschneidende Folgen: Die Sonne steht im Norden am höchsten, der Mond nimmt spiegelverkehrt ab, anstatt des Großen Bären leuchtet in sternenklaren Nächten das Kreuz des Südens vom Himmel, und das Badewasser fließt andersherum ab, nämlich gegen den Uhrzeigersinn – Letzteres nachzuvollziehen bedarf allerdings einer gehörigen Portion Vorstellungskraft. Wenn in Europa Frühlingsgefühle erwachen, stellen sich die Neuseeländer auf graue Herbsttöne ein. Und während sich der Weihnachtsmann in den heimatlichen Gefilden möglicherweise durch tiefen Schnee kämpfen muss, kommt er auf der Südhalbkugel bei sommerlichen Temperaturen ganz schön ins Schwitzen.

Neuseeland bietet viel Raum für das Gefühl von Weite und Einsamkeit fernab der Zivilisation

Zweifellos verlangt die grandiose Natur der **Südinsel** besondere Beachtung. Die Fahrt entlang der wilden, von Regenwald begrünten Tasman-Küste lässt über bizarr erodierte Klippen bei Punakaiki, gewaltige, nahe ans Meer heranreichende Gletscherzungen oder die wie in Fels gemeißelten Fjorde im Südwesten staunen. Das majestätische Hochgebirge der Southern Alps mit seinen schneebedeckten Dreitausendern trennt von der Ostseite, wo vor der Küste Kaikouras Wale ihre Bahn ziehen und auf der Otago-Halbinsel bei Dunedin Pinguine, Robben und Königsalbatrosse zu beobachten sind. Dazwischen liegt Christchurch – die britisch anmutende Südinsel-Metropole wird noch lange von den Folgen des schweren Bebens gezeichnet sein, das im Februar 2011 das Stadtzentrum verwüstete. Selbst in entlegenen Bergregionen bahnt ein gepflegtes Netz von Wanderpfaden den Weg, tagelang kann man hier zu Fuß unterwegs sein und in Hütten oder auf Zeltplätzen übernachten. Ein Zentrum des neuseeländischen Outdoor-Tourismus ist Queenstown am wunderschönen Lake Wakatipu. Aus den Weinregionen Marlborough und Nelson kommen edle Tropfen, mit denen eine anspruchsvolle Gastronomie ihre Gäste verwöhnt.

KLIMA & REISEZEIT

Dank der umgebenden riesigen Wassermassen hat Neuseeland ein ozeanisch geprägtes Klima mit geringen Temperaturunterschieden. Die Lage zwischen tropischer Südsee im Norden und frostiger Antarktis im Süden bringt jedoch häufige Wetterwechsel mit sich.

Mal wehen vom Südpol her eisige Southerlies, gleich darauf milde Nordwestwinde, die Northwesterlies, oder von der Tasmanischen See her treiben stürmische Böen dunkle Regenwolken über das Land. Wenn morgens die Sonne vom wolkenlosen Himmel strahlt, kann schon wenige Stunden später eine Regenfront heranziehen. Wetterbeständig ist Neuseeland nur in einer Hinsicht: Es windet ständig und allerorten, bisweilen heftig in peitschenden Böen, sodass man Fahrradtouristen nach absolviertem Rundkurs durchs Land die Tapferkeitsmedaille verleihen sollte.

Dabei kann man das Klima auf den Inseln getrost als mild bezeichnen, selbst im Winter, der die Neuseeländer zum Heizen zwingt, wenn Europäer ihre heißeste Zeit genießen, von Juni bis September. Dann frieren die Südinsulaner etwas mehr als ihre Landsleute auf der Nordinsel. Doch in der Regel fällt das Thermometer nirgendwo unter 0 °C, ausgenommen natürlich in den Hochlagen, insbesondere in der Alpenregion der Südinsel, wo oberhalb von 1000 m schneesichere Hänge die Skifahrer locken. Mit Durchschnittstemperaturen von 18 °C im Sommer und 10 °C im Winter entspricht das Klima auf der Nordinsel subtropischen Verhältnissen, während auf der warm- bis kühl-gemäßigten Südinsel im Schnitt 5 °C weniger gemessen werden. Schärfer als der klimatische Gegensatz zwischen Nord und Süd ist jener zwischen Westen und Osten: Weil das Wetter meist aus westlicher Richtung kommt, regnen sich Wolken an der Westseite der in Nord-Süd-Richtung verlaufenden Gebirge ab, daher sind hier die niederschlagsreichsten Regionen zu finden.

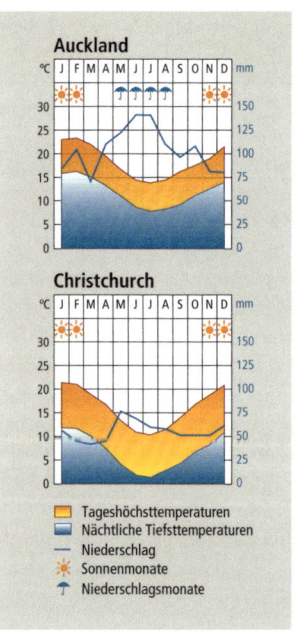

Tageshöchsttemperaturen
Nächtliche Tiefsttemperaturen
— Niederschlag
☀ Sonnenmonate
☂ Niederschlagsmonate

Neuseelands Jahreszeiten sind denen der nördlichen Hemisphäre genau entgegengesetzt und geben daher Gelegenheit, dem heimischen Winter zu entfliehen. In der schönsten, weil wärmsten und sonnigsten Reisezeit zwischen Mitte Dezember und Ende Januar, während der neuseeländischen Schulferien, fallen allerdings auch erholungshungrige heimische Familien in die attraktivsten Gegenden ihres Landes ein. An Stränden, auf Fähren und Campingplätzen, in Hotels und Restaurants kann es dann eng werden, frühzeitige Reservierung ist dringend zu empfehlen. Schöne Tage

Ob sanft oder in Sturmstärke – der Wind ist in Neuseeland ein ständiger Begleiter

versprechen aber auch noch der Februar und, mit ein paar Abstrichen, März und April. Im neuseeländischen Herbst nimmt die Natur, vor allem in Central Otago auf der Südinsel, wunderschöne Farben an.

Unbeständiger und vor allem auf der Nordinsel niederschlagsreicher ist das Winterwetter zwischen Juni und August, dann fallen an der oft verregneten Westküste allerdings die geringsten Niederschläge und sowohl Autovermieter als auch Motels bieten besonders günstige Tarife.

Im Frühjahr (Sept./Okt./Nov.) ist das Ozonloch über der Antarktis am größten. Besonders zwischen 10 und 16 Uhr sollte man eine Sonnencreme mit hohem Schutzfaktor verwenden, um sich vor der schädlichen UV-Strahlung zu schützen. Im Wetterbericht wird ggfs. die *burn time* bekannt gegeben, die Anzahl der Minuten, die man ungeschützt im Freien verbringen kann, ohne einen Sonnenbrand zu riskieren.

ANREISE

Die Reise nach Neuseeland dauert ca. 22–25 Flugstunden – je nachdem, ob über Asien (Ostroute) oder Amerika (Westroute) geflogen wird. Täglich gibt es diverse Verbindungen von Frankfurt/Main nach Auckland (mit einem Stopp) und nach Christchurch (meist mit zwei Stopps).

Flüge nach Neuseeland sind unterschiedlich teuer: In der Hauptsaison muss man 1200–1700 € veranschlagen, in der Nebensaison bekommt man mit etwas Glück Tickets für unter 1100 €. Beim Preisvergleich sollte man auch die Gepäckregelungen beachten (z. B. bei Emirates und Cathay Pacific 30 kg Freigepäck in der Eco-Klasse). Die beste Kabinenausstattung hat zurzeit Air New Zealand, besonders die tolle Skycouch wertet die Economy-Klasse spürbar auf (www.airnewzealand.de, Tel. in Deutschland 0800-183 06 19). Für ca. 600 € Aufpreis kann man in der mehr Beinfreiheit und besseren Service bietenden Premium-Economy-Klasse Platz nehmen (z. B. bei Cathay Pacific), besonders gute Angebote offerieren die taiwanesische China Airlines (www.china-airlines.com) und www.vornesitzen.de.

Angesichts der langen Flugdauer kann ein Stopover in Vancouver, Los Angeles oder Hawaii bzw. Dubai, Hongkong, Bangkok oder Singapur angenehm sein. Keine Angst vor einem mehrstündigen Aufenthalt im Singapur-Airport: Im Aerotel (www.myaerotel.com), dem im Terminal 1 sogar ein Freibad mit Blick auf das Flugfeld angeschlossen ist, kann man prima schlafen. Wenn das Gepäck durchgecheckt wird, bleibt man im Transitbereich. Sowohl die West- als auch die Ost-Route sind mit Round-the-World-Tarifen kombinierbar, wie sie von Singapore Airlines, Virgin Atlantic und Air New Zealand angeboten werden (www.staralliance.com/en/round-the-world).

Achtung: Auch bei (Transit-)Flügen über die Vereinigten Staaten müssen strenge Sicherheits- und Visavorschriften eingehalten werden.

Bei einer Reise im Wohnmobil hat man die Wildnis immer direkt vor der Tür

REISEN IM LAND

MIT DEM MIETFAHRZEUG

Beliebt sind Reisen mit dem **Wohnmobil.** Ein Vierbettcamper kostet zwischen 170 und 320 NZ$ pro Tag (zzgl. Versicherung, ca. 25 NZ$ mit bzw. 60 NZ$ ohne Selbstbeteiligung). In der Nebensaison (Mitte April–Okt.) geht es bis zu 30 % billiger – in der kühleren Jahreszeit sind die oft mäßig isolierten Wohnmobile aber weniger komfortabel. Eine Ausnahme bilden deutsche oder englische Importmodelle. Sehr gut ausgestattete Camper bietet Wilderness an (www.wilderness.co.nz), preiswertere Wohnmobile von Privatpersonen vermittelt Share a Camper (www.shareacamper.co.nz), Auskunft jeweils auch auf Deutsch.

Viele kleine nationale Anbieter offerieren drei bis vier Jahre alte **Kompaktklasse-Pkw** schon für ca. 50 NZ$ pro Tag (inklusive Versicherung). Bei Preisvergleichen hilft die Plattform www.rentalcars.com. Günstige Angebote haben oft Apex Car Rentals, Pegasus oder Jucy Rentals. Internationale Vermieter verlangen für ihre neueren Wagen etwa 30 % mehr (ab 22 Tage Mietdauer sind bis zu 20 % Rabatt üblich). Ein internationaler Führerschein ist für ausländische Autofahrer vorgeschrieben.

Das Tanken ist in Neuseeland noch vergleichsweise günstig: Superbenzin kostet um 2,10 NZ$ pro Liter, Dieselkraftstoff rund 1,40–1,50 NZ$. Einwegmieten sind in Neuseeland sinnvoll (z. B. von Auckland nach Christchurch). Die meisten Pkw-Vermieter bieten einen Fahrzeugwechsel in Picton oder

💬 VERKEHRSREGELN

In Neuseeland herrscht Linksverkehr; als Vorfahrtsregel, z. B. an Kreuzungen, gilt aber »rechts vor links«. Wenn man an einer Kreuzung links abbiegen möchte, hat man Vorfahrt gegenüber entgegenkommenden Fahrzeugen, die nach rechts in die gleiche Richtung abbiegen möchten (das war bis 2012 anders). Zulässige Höchstgeschwindigkeit ist 100 km/h, in Ortschaften 50 km/h. In Limited Speed Zones (LSZ) dürfen bei schlechten Wetterbedingungen oder wenn Kinder am Fahrbahnrand stehen 50 km/h nicht überschritten werden. Auf einem Clearway ist das Halten zu den auf dem jeweiligen Schild angegebenen Zeiten verboten. Ziffern unter einem blauen »P«-Schild zeigen an, wie lange man parken darf. Man sollte sich nicht auf Blinkzeichen eines vorausfahrenden Lkws verlassen, wenn man überholen will – links blinken kann nämlich auch bedeuten: Bleib auf deiner Spur! Es besteht Anschnallpflicht, Geschwindigkeits- und Alkoholkontrollen werden häufig durchgeführt, die Promillegrenze liegt bei 0,5. Das Telefonieren während der Fahrt ist nur mit Freisprecheinrichtung erlaubt.

Wellington an. Das spart die nicht unerheblichen Kosten für die Fährüberfahrt (ca. 145 NZ$).

Mitglieder eines europäischen Automobilklubs können vom AA-Club ebenfalls Unterstützung erwarten (AA Roadservice rund um die Uhr Tel. 0800-500 222, www.aa.co.nz).

Wer kein Wetter scheut, wird auf den kurvigen Straßen Neuseelands bestimmt auch mit dem **Motorrad** seinen Spaß haben (Motorradverleih, individuelle Touren mit Rundumservice und geführte Touren u. a. über Paradise Motorcycle Tours, Tel. 09-473 9404, www.paradisemotorcycletours. co.nz, Büros in Auckland und Christchurch).

MIT BUS, BAHN UND FÄHRE

Busse sind das preiswerteste Verkehrsmittel. Sie bedienen alle wichtigen Ziele vom Milford Sound im Süden bis zur Bay of Island im Norden. Reiseveranstalter geben Auskünfte über die verschiedenen Buspässe (einige können bereits vorab im Heimatland gekauft werden). Mit den Pässen von Intercity (www.intercity.co.nz) kann man die Fernbusse, Fähren zwischen Nord- und Südinsel und den TranzAlpine zwischen Christchurch und Greymouth benutzen. Bei jungen Leuten populäre Backpacker-Busse bieten Touren über die Nordinsel, die Südinsel oder durch ganz Neuseeland an, transportieren teilweise auch Sportgeräte. Man schließt schnell Bekanntschaften (u. a. www.kiwiexperience.com, www.straytravel.com).

Züge spielen in der neuseeländischen Verkehrsinfrastruktur kaum eine Rolle. Vor allem an Touristen richtet sich das Angebot der drei Sightseeing-Züge Northern Explorer (Auckland–Wellington), Coastal Pacific (Picton–Kaikoura–Christchurch) und TranzAlpine (Christchurch–Greymouth). Infos für alle drei: www.greatjourneysofnz.co.nz.

Autofähren verbinden Wellington auf der Nordinsel und Picton auf der Südinsel miteinander (im Sommer bis zu fünfmal täglich, im Winter seltener, Fahrtdauer ca. 3,5 Std.). In der Hauptreisezeit (Dez.–Mitte Febr.) sollte man rechtzeitig, in der übrigen Zeit möglichst ein paar Tage vorher reservieren, es sei denn, man wechselt in Picton bzw. Wellington den Mietwagen und geht zu Fuß an Bord (Interislander, Tel. 0800-802 802, www.greatjourneys ofnz.co.nz, und Bluebridge, Tel. 0800-844 844, www.bluebridge.co.nz).

MIT DEM FLUGZEUG

Im Inlandsverkehr dominiert Air New Zealand mit Air New Zealand Link (Tel. 0800-737 000, www.airnewzealand.co.nz oder www.grabaseat.co.nz). Daneben verkehrt der Billigflieger Jet Star (www.jetstar.co.nz), ein Tochterunternehmen der australischen Qantas, auch zwischen kleineren Städten im Land. Über das Internet lassen sich die günstigsten Inlandsflüge buchen (am besten etwa sechs Wochen im Voraus, ab ca. 70 NZ$ für die Strecke Auckland–Christchurch one way).

MIT PIONIERGEIST AM HERD

Ihren Wake-up-Call erlebte die neuseeländische Gastronomie spät. Eigentlich begann das Ende der geschmacklosen Zeiten erst im Verlauf der 1980er-Jahre. Es kamen immer mehr anspruchsvolle Touristen und Migranten aus aller Herren Länder. Aber auch so mancher Kiwi hatte innovative Ideen.

Richard Sinke ist so einer. Seit über 40 Jahren mischt er im eher konservativen Christchurch die Gastronomie auf. Jetzt ist er 65 – und wird von der lokalen jungen Musikszene respektvoll »Dad« genannt. Das muss man sich verdienen. 1978 eröffnete Richard das erste vegetarische Restaurant des Landes. Damals gab es in Neuseeland noch Public Bars, nur für Männer. Und Private Bars, auch für Frauen. »Furchtbare Vorstellung«, schüttelt sich Richard heute mit Grauen. Elf Jahre später folgte dann der große Wurf mit dem Dux de Lux im Arts Center, Neuseelands erster großer Biergarten – mit selbstgebrautem Bier und Livemusik. Christchurchs alternative Szene erhielt eine Heimat – und die immer zahlreicher werdenden Touristen fühlten sich gar nicht mehr am Ende der Welt. Dann kam das Erdbeben 2011 und Richard musste von vorn anfangen. Er eröffnete ein Livemusik-Lokal mit Restaurant außerhalb der zerstörten Innenstadt und gab Christchurch damit wieder so etwas wie gesellschaftlichen Rückhalt. Sie vergessen es ihm hier nicht. Cheers, Richard!

Richard Sinke ist Gastronom mit Herzblut und braut sein eigenes Bier

INFOS:

- **Dux Dine,** 28 Riccarton Rd., Christchurch, Tel. 03-348 1436
- **Dux Central,** 6 Poplar St., Christchurch, Tel. 03-366 6919
- **Terrace Tavern,** 130 Oxford Tce., Christchurch, Tel. 03-595 1278, alle: www.thedux.co.nz

Etwas ruhiger geht es im Leben von **Fleur Sullivan** zu. Wobei – vielleicht ist das nur eine Sache des Standpunkts. Fleur hat ihren »Place« im verträumten Fischerhafen Moeraki gefunden > S. 141. Auf der Speisekarte des landesweit bekannten Restaurants steht überwiegend das, was vor der Küste gefangen wird. Darum kümmert sich Fleur Sullivan persönlich. An manchen Tagen steht sie schon frühmorgens an der Kaimauer, die weiße Haarmähne vom Wind zerzaust, die Füße in Gummistiefeln. Die 80-Jährige gilt heute

Fleur Sullivan tischt auch Mutton Bird auf, eine Spezialität bei den Maori

als eine Ikone der neuseeländischen Gastronomie, ausgezeichnet mit vielen Preisen für ihre Verdienste. Dabei erfüllt das Restaurant in der rustikalen Fischerhütte nichts anderes als ihren lang gehegten Traum: in Moeraki am Meer zu leben. In Gourmetkreisen ist Fleurs Place eine Destination für sich. Dass nebenan die Moeraki Boulders rege von Touristen besucht werden, macht es ratsam, frühzeitig einen Tisch zu reservieren. Das war im Olivers Central Otago › S. 133 nicht viel anders, Fleurs erstem Restaurant im alten General Store in Clyde, das inzwischen unter neuer Leitung steht, den alten Charme aber bewahrt hat.

Als wir **Tony Robertson** 1987 kennenlernten, besaß er, unauffällig im ersten Obergeschoss gelegen, das erste japanische Restaurant Queenstowns – eines von nur vier in Neuseeland. Er brachte uns bei, mit Stäbchen zu essen. »Die japanische Küche braucht erstklassige Zuta-

ten«, weiß Tony von seinen Aufenthalten in Asien, »und die bekomme ich garantiert in Neuseeland«. Ein echtes Kompliment von dem gebürtigen Australier. Später schmückte er sich und die neugestaltete Wharf in Queenstown noch mit einem erstklassigen Fischrestaurant, bis die Erkenntnis reifte, dass sich im Tourismus zwar Geld verdienen lässt, eine Küche mit Anspruch aber letztlich konstant nur von den Locals gewürdigt wird. Nelson ist nun seine Heimat, hier hat er gleich zwei Restaurants. Das Wasser ist nicht weit, die Angel in Griffweite. »Gone fishing«, ein populärer Kiwi-Spruch, hat bei Tony schon immer Gutes auf den Tisch gezaubert.

INFOS:
- **Char,** 112 Collingwood St., Nelson, Tel. 03-546 9300, www.charbar andgrill.com
- **The Styx,** 272 Wakefield Quay, Nelson, Tel. 03-548 1075, www. styxrestaurant.co.nz

Tony Robertson hat immer noch Appetit auf Sushi-Spezialitäten

SPORT & AKTIVITÄTEN

Neuseeland bietet ein großes Spektrum an Abenteuersportarten – von Abseilen über Bungy Jumping bis White Water Rafting. Aber auch für ruhigere Zeitgenossen ist das Angebot an Outdooraktivitäten gigantisch.

WANDERN

Neuseeland ist ein ideales Land für Wanderer > Special S. 137. Sie brauchen festes Schuhwerk, wind- und wasserabweisende Kleidung, Sonnenbrille, Kopfbedeckung und einen warmen Pullover für Kälteeinbrüche. Wer an den Tracks übernachten will, muss Schlafsack und Zelt, evtl. Kochgeschirr, auf jeden Fall Verpflegung für die gesamte Wanderung mitnehmen. Auch für Tagesmärsche gehört ausreichend Trinkwasser in den Rucksack > S. 19, 152 (Giardia-Parasit), zudem eine Wanderkarte, eine Plastiktüte für Abfall, Insektenschutzmittel, Toilettenpapier und ein Erste-Hilfe-Set.

Ein kleiner Sender *(beacon),* den man mieten kann, soll helfen, in Not geratene Wanderer schneller im Busch ausfindig zu machen. Infos unter www.doc.govt.nz oder www.mountainsafety.org.nz.

RADFAHREN

Das windige, regnerische Wetter kann einem den Spaß ganz schön verleiden. Wer sich auch durch hügelige und kurvenreiche, manchmal schmale Straßen und unerfahrene Wohnmobilfahrer nicht aus der Ruhe bringen lässt, wird die Fahrt genießen. Einige Veranstalter bieten Fahrradreisen mit Begleitbus an (z. B. Adventure South, Christchurch, Tel. 03-942 1222, www.adventuresouth.co.nz). Oder man mietet sich für Ausflüge ins Gelände ein Mountainbike (z. B. in Queenstown). Infos auch unter www.nzcycletrail.com/find-your-ride/22-great-rides.

REITEN

Die landschaftliche Szenerie für auch mehrtägige Ausritte ist im Queenstown Lakes District am reizvollsten, besonders im Hochland der Crown Range, Region Wanaka–Queenstown (z. B. Backcountry Saddle Expeditions, Tel. 03-443 8151, www.backcountrysaddles.co.nz). Weitere Anbieter findet man unter www.truenz.co.nz/horsetrekking und www.horsetalk.co.nz.

GOLF

Der Volkssport wird auf annähernd 500 Plätzen ausgeübt, originell sind die Greens in den Thermalgebieten um Rotorua und bei Taupo. Wiederholt unter die besten Plätze des Landes gewählt wurden die Anlagen am Cape Kidnappers südlich von Napier, Kauri Cliffs in der Bay of Islands, Paraparaumu in der Nähe von Wellington, Terrace Downs bei Christchurch/Mount Hutt und Millbrook bei Queenstown. Gastspieler sind überall willkommen, Equipment wird verliehen. Liste aller Klubs unter www.mygolfguide.co.nz.

WINTERSPORT

Beliebte Skizentren sind Whaka-papa und Turoa (beide am Mount Ruapehu) auf der Nordinsel. Die übrigen liegen auf der Südinsel: Rainbow Valley (Marlborough), Mount Lyford (North Canterbury) und Porter Heights (Mid Canter-bury) für Anfänger, die Könner zieht es zum Mount Hutt (bei Meth-ven), Mount Dobson und nach Ohau (beide South Canterbury), nach Cardrona und Treble Cone (beide bei Wanaka), zum Coronet Peak und in die Remarkables (beide bei Queenstown). Die Skigebiete – immer oberhalb der Baumgrenze – sind weitläufig: ideale Bedingungen v. a. für die zahlreichen Snowboar-der. Die Schneefallgrenze liegt meist bei 1000 m. Die schneesicherste Zeit sind die Monate Juli, August und September. Ausrüstung kann gelie-hen werden. Infos: www.newzealand. com/de/snow-activities, www.nz ski.com und www.snow.co.nz).

Populär ist Heli-Skiing am Mount Hutt und ab Wanaka. Bis zu 1000 NZ$ pro Tag zahlt man für drei bis fünf Abfahrten in unbe-rührtem Schnee. Die längste führt über 24 km den Tasman-Gletscher hinab. Geführte Skitouren, auch in deutscher Sprache, veranstaltet Al-pine Recreation Canterbury, Lake Tekapo, Tel. 03-680 6736, www. alpinerecreation.com.

TAUCHEN

Die Poor Knights Islands bei Whan-garei sind das beliebteste Tauch-gebiet. Gesunkene Schiffe locken in der Matauri Bay nordwestlich der Bay of Islands (Wrack des Green-peace-Schiffs »Rainbow Warrior« › S. 78) und in den Marlborough Sounds (1986 havariertes russi-sches Kreuzfahrtschiff »Mikhail Lermontov«). Ein ausführliches Ver-zeichnis der Tauchplätze und Links zu Tauchbasen findet man unter www.divenewzealand.com.

SEGELN

Der Hauraki Gulf bei Auckland und die Bay of Islands sind die schönsten Reviere im Norden, im Süden bie-ten die Marlborough Sounds und die Region um Nelson gute Bedin-gungen. Segelboote für 6 Personen kosten je nach Saison 400–600 NZ$ pro Tag (www.charterlink.co.nz und www.greatescape.co.nz). Auf Ori-ginal-America's Cup-Jachten ist man in den Gewässern vor Auckland mit der Explore Group unterwegs (www. exploregroup.co.nz).

KANU UND KAJAK

Geführte Touren werden auf vielen Seen des Landes, auf dem Whanga-nui River ab Taumarunui, entlang der Küsten des Abel Tasman Natio-nal Park und der Coromandel Pen-insula (ab Hahei), in den Marlbo-rough Sounds sowie im Milford und Doubtful Sound angeboten (Infos zu Veranstaltern bei der örtli-chen Visitor Information).

ABSEILEN

100 m senkrecht seilt man sich ins Magapu-Höhlensystem in Waitomo ab. Der Abstieg gilt als längster Neuseelands. Anschließend geht es wahlweise Flussläufe durchwatend,

schwimmend und kleine Wasserfälle hinabrutschend *(wet)* oder durch enge Passagen und über Felsen kraxelnd *(dry)* ans Tageslicht zurück. Spezielle Vorkenntnisse sind nicht notwendig; mit Training dauert der bizarre Ausflug je nach gebuchter Variante 2–7 Std.; das Mindestalter beträgt 12 bzw. 15 Jahre (Waitomo Adventures, Tel. 07-878 7788, www. waitomo.co.nz).

GLEITSCHIRMFLIEGEN

Das grandiose Panorama des Lake Wanaka vor Augen, wird die »einfachste Art zu fliegen« zum atemraubenden Erlebnis (Wanaka Paragliding, www.wanakaparagliding.co. nz). Tageskurse werden in Queenstown angeboten (Infinity Paragliding, www.infinityparagliding.co. nz). Tandemflüge starten von der Bergstation der Skyline Gondola in Queenstown (GForce Paragliding, www.nzgforce.com).

BUNGY JUMPING

Der Sprung in die Tiefe, abgefangen von einem elastischen Seil, ist vielerorts möglich, vor allem in Queenstown › S. 129. Zu den beliebtesten Locations gehören die Kawarau Bridge und Nevis Valley.

RAFTING

Mit dem Schlauchboot wilde Wasser hinunterschießen können auch Ungeübte. Die aufregendsten Flüsse sind der Kawarau und der Shotover bei Queenstown sowie der Kaituna River bei Rotorua (Touren z. B. über www.goorange.co.nz oder www.kaitunacascades.co.nz).

JET BOATING

Die rasend schnellen und wendigen Boote ohne Tiefgang sind eine neuseeländische Erfindung. Die spektakulärsten Trips finden auf dem Shotover River bei Queenstown statt (z. B. www.shotoverjet.com).

Wegen der Vielzahl kleiner Jachthäfen wird Auckland auch »City of Sails« genannt

UNTERKUNFT

Internationale Hotelketten sind nur in Auckland, Rotorua, Wellington, Christchurch und Queenstown vertreten. Sie gehören durchweg zur höheren Preiskategorie, bieten aber häufig Zimmer günstig an (150–220 NZ$).

Billiger nächtigt man in **Motels** und **Motor Inns.** Die Zimmer haben manchmal eine kleine Küche. Das Angebot ist zwar groß, doch kann es von Dezember bis März in populären Feriengebieten zu Engpässen kommen. Auch noch kurzfristig gute Preise in Hotels erhält man über www.wotif.co.nz.

Bezahlbar und urgemütlich sind die historischen kleinen Häuser, die sich zu den **Heritage Inns** zusammengeschlossen haben. Häufig sind sie architektonische Schmuckstücke oder liegen in besonders reizvoller landschaftlicher Umgebung (www.heritageinns.co.nz).

Inzwischen sind nur noch wenige altgediente »Rolling Homes« in Neuseeland unterwegs

Bed & Breakfast bietet für 130 bis 210 NZ$ pro Zimmer viel Kiwi-Atmosphäre. Das Angebot ist riesig, es umfasst auch Häuser mit Anspruch (bis 300 NZ$). Das New Zealand Bed & Breakfast Book mit vielen Adressen ist im Buchhandel erhältlich (www.bnb.co.nz).

Eine neuseeländische Spezialität sind **Pub Beds:** einfache, allerdings nicht immer ruhige Zimmer über dem örtlichen Gasthof. Sie kosten um die 60 NZ$ pro Person. Doch Vorsicht: Wenn man nach einem Hotel fragt, bekommt man oft die Wegbeschreibung zum nächsten Pub – und dort muss man nicht unbedingt nächtigen können!

Urlaub auf dem Bauernhof heißt in Neuseeland **Farmstay** oder auch **Homestay** (Adressen und Beschreibungen unter www.ruralholidays.co.nz, www.truenz.co.nz/homestays, www.truenz.co.nz/farmstays und www.farmstays.org).

Eine Mitgliedschaft im Jugendherbergsverband (keine Altersbeschränkung) lohnt schon wegen diverser Vergünstigungen während der Reise. Sie kostet 25 NZ$ (auch online zu erwerben); es genügt auch der internationale Jugendherbergsausweis. Nähere Auskünfte erteilt die **Youth Hostel Association YHA** (8140 Christchurch, P. O. Box 436, Tel. 03-379 9970, www.yha.co.nz).

Verbreitet sind günstige Unterkünfte für Rucksackreisende: In **Backpacker Lodges** bekommt man schon ab ca. 20 NZ$ ein Bett (www.bbh.co.nz).

Campingplätze gibt es zahlreich, die meisten liegen landschaftlich reizvoll und vermieten auch preiswerte Tourist Flats bzw. Cabins (60–80 NZ$/2 Pers.). Die komfortableren Räumlichkeiten besitzen Küche und Bad. Ansonsten nutzt man WC und Dusche in der Gemeinschaftsanlage. Schlafsack oder Laken bringt man am besten mit. Zwei Personen im Wohnmobil zahlen 35–55 NZ$. Die Campingplätze des Department of Conservation sind naturnah, d. h. sie bieten wenig Komfort (ca. 8 NZ$/Pers.). Am besten ausgestattet sind die Campsites der Top-10-Gruppe (www.top 10.co.nz). Umfassendes Verzeichnis unter www.campermate.co.nz und www.nzcamping.com.

Ein neues Gesetz schränkt das Übernachten im Wohnmobil außerhalb von Campingplätzen stark ein, verbietet es überwiegend sogar, wenn keine Chemietoilette und kein Abwassertank an Bord sind. Die wichtigsten Infos findet man unter www.backpackerguide.nz/self-contained-campervans-new-zealand und www.rankers.co.nz/respect. Man sollte zur Sicherheit auf dem Campingplatz übernachten, zumal Überfälle auf außerhalb der Campsites geparkte Reisemobile zugenommen haben. Alternativ bieten sich Stellplätze bei Privatleuten an (Adressen u. a. unter www.campable.com und www.okay2stay.co.nz).

DIE SCHÖNSTEN HOTELS

- Ländlich und doch nah am Städtchen Kerikeri nächtigt man in den gemütlichen Villen des **Avalon Resort,** das auch über ein kleines Wellnesscenter verfügt > S. 77.

- Das elegante, spektakulär zu Füßen des Vulkans Mount Ruapehu gelegene **Chateau Tongariro** ist die »Grande Dame« unter Neuseelands Hotels > S. 92.

- Naturnahe Ferien garantiert das von üppigem Grün umgebene **Te Mahia Bay Resort** an einer malerischen Bucht in den Marlborough Sounds > S. 119.

- Gleich vor der Tür der **Awaroa Lodge** beginnen Wanderwege durch den herrlichen Abel Tasman National Park, und zum bezaubernden Sandstrand sind es nur wenige Schritte > S. 122.

- **Oliver's Central Otago** in Clyde lässt von Pionierzeiten träumen: Man nächtigt im umgebauten Pferdestall oder im Räucherhaus des ehemaligen Kolonialwarenladens > S. 133.

- An Bord der »**Milford Wanderer**« oder der »**Milford Mariner**« kann man mitten im berühmtesten Fjord Neuseelands übernachten und die Stille genießen > S. 136.

- Die **Larnach Lodge & Stable Stay** liegt auf dem Gelände von Neuseelands einzigem Schloss, mit königlichem Ausblick auf Dunedins natürliche Hafenbucht und die Otago Peninsula > S. 140.

Auf jeden Einwohner kommen in Neuseeland sechs Schafe – dieses Verhältnis ist Weltspitze

LAND & LEUTE

STECKBRIEF

- **Einwohner:** 5 Mio; Großraum Auckland 1,6 Mio.
- **Bevölkerungswachstum/Jahr:** 1,4–2 %
- **Fläche:** ca. 270 000 km²
- **Hauptstadt:** Wellington
- **Amtssprachen:** Englisch, Maori
- **Nationalfeiertag:** 6. Februar (Waitangi Day)
- **Landesvorwahl:** 00 64
- **Zeitzone:** letzter So im Okt. (Ende der Sommerzeit in Mitteleuropa) bis letzter So im März MEZ + 12 Std.; letzter So im März bis 1. So im April (Ende der Sommerzeit in Neuseeland) + 11 Std.; 1. So im April bis letzter So im Sept. (Beginn der Sommerzeit in Neuseeland) + 10 Std.; letzter So im Sept. bis letzter So im Okt. + 11 Std.
- **Währung:** Neuseeland-Dollar (NZ$)

LAGE

Neuseeland liegt im Südwest-Pazifik, etwa 2500 km südöstlich von Australien und etwa 3000 km nördlich des Antarktischen Festlands, zwischen dem 166. und 179. Grad westlicher Länge und dem 34. und 47. Grad südlicher Breite – mitten in der vulkanisch aktiven Zone. Es besteht aus zwei durch die Cook-Straße voneinander getrennten Hauptinseln, der Nord- und Südinsel, sowie etwa 700 kleineren Inseln. Rund 1600 km sind es von der Nordspitze bis in den tiefen Süden des Landes, die Gesamtlänge der Küstenlinie beträgt rund 15 000 km. Höchste Erhebung ist der Aoraki Mount Cook auf der Südinsel mit 3724 m. Größter See des Landes ist mit 616 km² der Lake Taupo auf der Nordinsel. Ihm entspringt der Waikato River, mit 425 km der längste Fluss Neuseelands.

POLITIK UND VERWALTUNG

Die einst folgsamste britische Kolonie befindet sich in einem Abnabelungsprozess von der englischen Krone, geht dabei allerdings nicht ganz so provokativ vor wie der raubeinige Commonwealth-Partner Australien. Seit 1947 ist Neuseeland ein souveräner Staat, gleichzeitig aber auch Monarchie mit der englischen Königin als Staatsoberhaupt. Die Queen wird im Parlament in Wellington durch den Generalgouverneur vertreten. Die Regierung mit dem Premierminister an der Spitze stellt die demokratisch gewählte Mehrheitspartei. Wahlen finden alle drei Jahre statt (das nächste Mal im November 2020). Seit 2008 wurde die Politik von der konservativen National Party gestaltet. Bei der Wahl 2017 bekam sie zwar erneut die meisten Stimmen, verpasste aber die absolute Mehrheit. Eine Koalitionsregierung bildeten schließlich Labour Party, Grüne und die rechts-populistische New Zealand First. Von den 120 Sitzen im Parlament sind sieben für Vertreter der Maori reserviert.

Seit 1987 atomwaffenfreie Zone, setzt sich Neuseeland für Umweltschutz und Rüstungskontrolle ein. Ein weiteres wichtiges Anliegen ist die wirtschaftliche Entwicklung des südpazifischen Raumes.

WIRTSCHAFT

Noch in den 1970er-Jahren wiegten sich die Neuseeländer in sozialer Sicherheit, bis sie fassungslos vor dem Zusammenbruch ihres Wohlfahrtsstaates standen. Mitschuld an der wirtschaftlichen Talfahrt trug der 1973 erfolgte EG-Beitritt Großbritanniens, der fest etablierte Handelsbeziehungen zum Mutterland von heute auf morgen gegenstandslos machte. Nach Jahren des Aufschwungs, in denen sich die Wirtschaft erfolgreich Australien und Asien zuwandt hatte, brachen mit der weltweiten Finanzkrise erneut Zeiten der Regression an, von denen sich das Land aber seit 2010 langsam wieder erholt. Britische Euroskeptiker träumen davon, die EU nach dem Brexit durch das Commonwealth als Haupthandelspartner zu ersetzen. Ob es wieder zu einem verstärkten Warenaustausch kommt, lässt sich aber zurzeit nicht absehen.

60 % der Bodenfläche werden landwirtschaftlich genutzt. Neuseeland hat die traditionell auf Lamm beschränkte Palette der Fleischprodukte längst um Rind und Rotwild erweitert, auch Lachse stellen inzwischen ein einträgliches Exportgut dar. Noch baut die Wirtschaft auf Wolle, Milch und andere landwirtschaftliche Produkte (u. a. Kiwis, Avocados und Wein), doch die Konkurrenz auf dem Weltmarkt führt immer wieder zu drastischen Preiseinbrüchen. Zweitwichtigster Wirtschaftszweig ist der Tourismus.

SPRACHE UND SCHRIFT

Kiwi-Slang ist weit entfernt vom Oxford-Englisch, selbst mit guten Sprachkenntnissen muss man zuweilen genauestens hinhören, um verstehen zu können. Dennoch bleiben viele Redewendungen erstmal ein Rätsel, wie »give me a buzz« (»Ruf mich mal an!«).

Maori gehört zur polynesischen Sprachgruppe. Konsonanten und Vokale werden wie im Deutschen artikuliert. Einzige Ausnahmen: Wh am Wortanfang wird als scharfes »f« und aufeinanderfolgende Vokale werden jeder für sich gesprochen. Letzteres ist nicht unwichtig, wenn man unterwegs nach dem Weg fragen muss, z. B. nach Paraparaumu, gesprochen »Parapara–umu«, die Betonung liegt meist auf der ersten Silbe. Vor der Ankunft der Weißen war Maori eine rein mündliche Sprache, heute wird sie in lateinischer Schrift geschrieben.

GESCHICHTE IM ÜBERBLICK

Um 1300 n. Chr. Polynesier sind die ersten Siedler in Neuseeland.

1642 Der holländische Seefahrer Abel Tasman sichtet als erster Europäer Neuseeland und ankert in der Golden Bay, setzt aber keinen Fuß an die Küste. Dies tut

1769 der englische Entdecker James Cook: Am 9. Oktober annektiert er in der Mercury Bay im Osten der Nordinsel das Land für die Krone.

1814 Die ersten Missionare kommen ins Land, und Reverend Samuel Marsden richtet an der Bay of Islands eine anglikanische Missionsstation ein.

1820 Maori-Häuptling Hongi Hika besucht in England König Georg IV. Auf der Rückreise tauscht er die erhaltenen Geschenke gegen Waffen ein und führt aus reiner Machtgier Krieg gegen Europäer und andere Maori-Stämme.

1838 Unter Federführung von Edward Gibbon Wakefield wird in London die »New Zealand Company« gegründet, um die Kolonisierung voranzutreiben.

1840 Vertreter der Krone und Maori-Häuptlinge unterzeichnen an der Bay of Islands den Vertrag von Waitangi, der den Engländern die souveräne Herrschaft zugesteht und die Maori unter den Schutz der Krone stellt. In den folgenden Jahren strömen 20 000 überwiegend britische Siedler ins Land.

1852 Mit Inkrafttreten der neuseeländischen Verfassung wird der Status als Kronkolonie aufgehoben, das Land erhält das Recht, ein eigenes Parlament aufzustellen.

1858 Erstmals übertrifft die Zahl der weißen Einwohner die der Maori. Die Stämme verbünden sich und wählen Potatau I. zum ersten Maori-König.

1860–1865 In der Taranaki- und Waikato-Region kommt es wegen Streitigkeiten um Landrechte zu blutigen Kriegen zwischen englischen Soldaten und Maori.

1861 Mit seinem Goldfund in Otago löst Gabriel Reed den ersten Goldrausch aus.

1865 Wellington wird Hauptstadt.

1867 Vertreter der Maori erhalten im Repräsentantenhaus vier Sitze – im damaligen Britischen Empire eine Sensation.

1890 Bei der ersten Wahl sind alle Männer ab dem 21. Lebensjahr stimmberechtigt.

1893 Weltweit als erste erhalten neuseeländische Frauen das aktive Wahlrecht.

1898 Als erster Staat der Welt führt Neuseeland die Altersrente für Frauen und Männer über 65 ein.

1907 Neuseeland wird von England zum »Dominion« mit relativer Selbstständigkeit erklärt.

1914 100 000 neuseeländische Soldaten ziehen an der Seite der Engländer in den Ersten Weltkrieg.

1919 Frauen erhalten nun auch das passive Wahlrecht.

1935 Erstmals geht die Labour Party als Sieger aus den Parlamentswahlen hervor.

1936 Die 40-Stunden-Woche wird festgelegt.

ab 1940 Neuseeländische Truppen kämpfen im Zweiten Weltkrieg auf alliierter Seite in Europa und Nordafrika.

1947 Am 25. November wird das Land von England unabhängig.

1951 ANZUS-Verteidigungspakt zwischen Australien, Neuseeland und den USA.

1972 Neuseelands Regierung protestiert offiziell gegen die Atomtests der Franzosen im Südpazifik.

1973 Englands Beitritt zur EU versetzt Neuseelands Wirtschaft einen harten Schlag.

1986 Ein Gesetz zur Legalisierung der Homosexualität tritt in Kraft.

1987 Neuseeland wird atomwaffenfreie Zone.

1991 Im umstrittenen »Employment Contracts Act« wird die Macht der Gewerkschaften stark eingeschränkt.

1992 Die neuseeländische Regierung beginnt mit Reparationszahlungen für die Landnahmen in den Kriegen von 1844–72.

1995 Der Vulkan Ruapehu bricht aus. Neuseeland stellt sich an die Spitze der weltweiten Protestbewegung gegen die französischen Atomtests im Südpazifik.

2004 Die in Neuseeland gedrehte Filmtrilogie »Der Herr der Ringe« wird mit 11 Oscars geehrt.

2006 Am 15. August stirbt Königin Te Atairangikaahu (Dame Te), das Oberhaupt der Maori. Ihr Sohn Tuheitia Paki tritt die Nachfolge an.

2007 Am 18. März birst der Kratersee des Vulkans Ruapehu. Aus einer Höhe von 2500 m stürzt eine gewaltige Flutwelle herab. Menschen kommen nicht zu Schaden.

2008 Der neuseeländische Nationalheld Sir Edmund Hillary, Bezwinger des Mount Everest, verstirbt 88-jährig in Auckland.

2011 Im Februar zerstört ein Erdbeben der Stärke 6,3 Christchurch. Der Schaden beläuft sich auf mehr als 40 Mrd. NZ$; der Wiederaufbau wird mindestens 15 Jahre dauern.

2014 Der dritte Teil der Fantasy-Trilogie »Der Hobbit« (Regie: Peter Jackson) kommt in die Kinos.

2016 Ein Erdbeben in der Region Kaikoura schiebt Nord- und Südinsel enger zusammen.

2017 Jacinda Ardern (Labour Party) wird Premierministerin.

2019 Nach dem Terroranschlag auf zwei Moscheen verschärft Neuseeland das Waffenrecht. Die Bevölkerungszahl erreicht 5 Mio.

Mural in Christchurch – das Erdbeben von 2011 hinterließ die Stadt in tiefer Trauer

NATUR & UMWELT

»Ganz schön wackelige Inseln«, spötteln die Australier allzu gern über ihren kleinen Nachbarn Neuseeland. Und so ganz Unrecht haben sie nicht, denn auf den geologisch jungen Inseln beschäftigen regelmäßig schwache Erdbeben die Seismografen.

Und hin und wieder erschüttern auch schwere Erdstöße das Land, wie am 22. Februar 2011, als ein Erdbeben Christchurch stark zerstörte > S. 41, 113. Oder im November 2016, als an der Ostküste der Südinsel ein Beben der Stärke 7,8 den Meeresboden um 4 m anhob und Kaikoura eine Zeit lang von der Außenwelt abschnitt. In der Hauptstadt Wellington, die auf einer geologischen Bruchlinie liegt, grollt es durchschnittlich zwölfmal im Jahr, wenn auch meist nur leicht. Laut Statistik muss Neuseeland einmal pro Jahr mit einem Beben der Stärke 6 auf der nach oben offenen Richterskala rechnen.

Der schwefelige Atem des Teufels dringt mancherorts noch heute aus dem Erdinneren. Geysire blasen ihn aus, ebenso wie Thermalquellen und die Krater einiger weniger noch aktiven Vulkane. Mehr als nur heiße Luft hat mehrfach in den vergangenen Jahren der Mount Ruapehu im Tongariro National Park ausgestoßen.

Im Verlauf der rund 100 Mio. Jahre, die Neuseeland sich nach der tektonischen Hebung über den Meeresspiegel »Land« nennen darf, hat eine Vielzahl von Eruptionen und Erdbeben die noch jugendliche Oberfläche geformt. Kein Wunder, dass bei derart ungestümen Aktivitäten im Erdinneren die Formgebung der Oberfläche noch kantig und schroff, ohne ebenmäßige, in Erdzeitaltern gereifte Züge ausfällt. Entsprechend viel Angriffsfläche haben die Erosionskräfte: Am noch unfertigen Relief Neuseelands schleifen tosende Wasserfälle, brodelnde Wildwasser, mächtige Gletscherzungen und kräftige Winde.

FAUNA UND FLORA

»Moa's Ark«, Arche Moa, hat ein neuseeländischer Zoologe seine Heimat nach dem ausgestorbenen Straußenvogel genannt: 80 Mio. Jahre lang gediehen Flora und Fauna völlig isoliert wie auf einer Arche. Bis die Menschen kamen. Zunächst die Polynesier, die u. a. dem flugunfähigen **Kiwi** der struppigen Federn wegen nachstellten. Bis dahin hatte der Vogel keine Feinde unter den Lebewesen auf den Inseln. Dann kamen die Europäer – und mit ihnen fremde Tier- und Pflanzenarten, die sich mangels natürlicher Feinde schnell ausbreiteten. Heute sind die zahlreichen Nachkommen der eingeführten Wiesel, **Fuchskusus** (in Neuseeland **Possum** genannt) und Katzen eine echte Plage. Auch Rotwild, das in den Wäldern großflächig Aufforstungen kahl frisst, ist das ganze Jahr über zum Abschuss freigegeben.

Von den einheimischen Land-Tierarten, zu denen bis auf ein paar Fledermausspezies nie Säugetiere zählten, haben überwiegend Vögel überlebt. Über 60 Arten haben die Ornithologen ausgemacht, darunter den **Tui,** den **Pukeko,** die **Takahe,** den **Kakapo** und den frechen Bergpapagei **Kea** › S. 136.

Von den erfassten 43 heimischen Reptilienarten sind heute viele vom Aussterben bedroht. Die bis zu 60 cm langen **Tuataras,** Echsen aus der Urzeit mit einem 220 Mio. Jahre alten Stammbaum, werden als ältes-te Tiere der Welt gehandelt. Erfolgreiche Zuchtprogramme kann u. a. das Southland Museum in Invercargill › S. 142 verbuchen.

Mit dem Kiwi haben die Neuseeländer das wohl seltsamste Nationaltier der Welt

Zum großen Vergnügen der Besucher tummeln sich an den Küsten je nach Jahreszeit Wale, Delfine, Robben und Pinguine.

Rund 180 verschiedene Farnarten – darunter **Baumfarne** wie der für Neuseeland typische Silber-Baumfarn *(silver fern)* – wachsen in den dichten Regenwäldern. Die trockenen Hügel- und Berglandschaften der Südinsel werden hingegen von hartem, büscheligem **Tussock-Gras** bedeckt. Der heimischen Flora machen einige der eingeführten Pflanzen, z. B. Stechginster, schwer zu schaffen. Bestaunenswerte Raritäten sind heute ausgewachsene **Kauris,** bis zu 50 m hohe Riesenfichten, deren hochwertigen Holzes wegen die Siedler im 19. Jh. ganze Waldgebiete im Norden abholzten. Aber auch andere *native trees* wie **Rimu, Totara** oder **Matai** wurden lange Zeit von der Holzindustrie gnadenlos gefällt. Inzwischen haben großflächige Aufforstungen wieder Wälder geschaffen, wenn auch mit eingeführten Bäumen wie der schnell wachsenden kalifornischen Pinie.

NATURSCHUTZ

Damit Neuseelands verhältnismäßig intakte Natur auch so bleibt, hat die Regierung 1991 im »Resource Management Act« verordnet, dass alle Wirtschaftsbereiche, auch der Tourismus, umweltschonend vorgehen müssen. Nicht nur »Greenies«, wie die Umweltschützer genannt werden, wehren sich heute recht erfolgreich gegen Landschaft zerstörende Goldminen und neue Stauseen. Mit bis dato 13 Nationalparks sollen einzigartige Naturräume für die Nachwelt erhalten werden. Schutzgebiete nehmen heute etwa ein Drittel der Landesfläche ein.

DIE MENSCHEN

Fast 5 Mio. bevölkern den Inselstaat, der größte Teil davon die Nordinsel. Wie auch anderswo auf der Erde zieht es die Menschen in die Städte – Bevölkerungsmagnet Nummer eins ist Auckland, wo fast ein Drittel mehr Menschen wohnen als auf der gesamten Südinsel.

Auckland ist zugleich das Multikulti-Zentrum Neuseelands: Hier leben die meisten Einwanderer aus Südostasien und dem pazifischen Raum. Im Landesdurchschnitt machen heute Neuseeländer europäischer Abstammung den größten Bevölkerungsanteil aus. Die auf den Inseln heimischen Maori stellen nur noch 15 %. Drittgrößte ethnische Gruppe sind mit etwa 12 % Asiaten, gefolgt von Pazifik-Insulanern mit ca. 7 %.

MAORI

Wenn man heute Maori-Männer beim *haka,* dem Furcht einflößenden Kriegstanz, beobachtet, glaubt man gern, dass die Vorfahren dieser massigen Kraftpakete den Ozean über Tausende von Kilometern durchpaddelt haben, auf der Suche nach einer neuen Heimat. Vor rund 700 Jahren sollen sie diese Reise auf sich genommen haben, von dem legendären Land Hawaiki aus, das irgendwo im pazifischen Raum gelegen haben muss. Ihr Äußeres, Mythologie, Sprache, Sitten und Gebräuche lassen auf eine polynesische Abstammung schließen. Zahlreiche Historiker favorisieren Raiatea in Französisch-Polynesien als Urheimat der Maori. Aber sicher ist letztlich keiner.

Heute lehrt der Haka nur noch bei Sportevents gegnerische Teams das Fürchten

Als Gründe dafür, warum das Naturvolk die ungewisse Reise durch den unberechenbaren Pazifik riskiert hat, vermuten Wissenschaftler Überbevölkerung und Hungersnot auf den Heimatinseln der Ur-Maori. Die Landung in Neuseeland war sicherlich kein Zufall: Die Maori hatten exzellente, den Sternenhimmel einbeziehende Navigationskenntnisse, die es ihnen ermöglichten, über lange Strecken den Kurs zu halten. Die einfachen, aus Baumstämmen gefertigten Kanus waren beladen mit Früchten, Gemüse und Kokosnüssen, deren Saft anstelle von Wasser den Durst löschte. Außerdem brachten sie

Setzlinge von Nutzpflanzen, Schweine, Hühner und Hunde mit an Land. Aotearoa, »Land der langen weißen Wolke«, nannten die Maori ihre neue Heimat › S. 11. Im Rahmen einer regelrechten Auswanderungswelle ließen sich in der Folgezeit rund 40 verschiedene Stämme auf den Inseln Neuseelands nieder, mit jeweils eigenen Territorien, denn die Maori waren nie ein geeintes Volk und metzelten sich oft genug gegenseitig in kriegerischen Auseinandersetzungen nieder.

Alle Maori besaßen aber eine gemeinsame Abstammung, glaubten an die gleichen Götter und Legenden und stimmten in Denkweise und Wertmaßstäben überein. Letzteres ist in gewisser Weise bis heute der Fall. Immer noch basiert das Gesellschaftssystem auf dem Leben in Sippen – jeder kümmert sich um jeden. Land ist Stammeseigentum und deshalb von einzelnen Personen nicht veräußerbar. Ein zentrales Element im Leben der Maori bildet der Ahnenkult, zwei weitere wesentliche Begriffe sind *mana* und *tapu* – *mana* umschreibt das auf spiritueller Macht basierende Prestige einer Person, das es zu erhalten bzw. zu vergrößern gilt, während ein *tapu* (dt. Tabu) den Umgang mit heiligen und verbotenen Gegenständen bzw. Orten regelt. Die Missachtung eines *tapu* führt zu Ächtung und Unglück.

EUROPÄER ALS BEKEHRER UND ZERSTÖRER

Als sich in der ersten Hälfte des 18. Jhs. die ersten Europäer in Neuseeland niederließen, lebten dort ca. 100 000 Maori, Naturvölker auf Steinzeitniveau, aber mit phänomenalen Instinkten und Fähigkeiten. Das Rad war unbekannt, ebenso Bronze und Eisen. Waffen und Werkzeuge wurden aus Stein hergestellt. Als wertvollster Rohstoff galt Greenstone, ein jadeähnliches Gestein, das zu Kult- und Schmuckgegenständen verarbeitet wurde. Die Menschen hüllten sich in Umhänge, gewebt aus Pflanzenfasern und verziert mit Federn und Muscheln. Nacktheit galt als schön, denn auf bloßer Haut kamen die kunstvollen *mokos* (Tätowierungen) zur Geltung, mit denen sich Männer wie Frauen schmückten. Weil die Maori keine Schrift hatten, überlieferten sie ihre Geschichte in Liedern und Tänzen.

Die Missionare hatten ein leichtes Spiel bei den naiven Menschen, die ein tiefes religiöses Bewusstsein hatten und denen Nächstenliebe und Ehrfurcht wichtige Werte waren. Sie ließen sich zum Christentum bekehren, trugen bald den Körper verhüllende Baumwollkleider und versuchten sich in der Einehe. Natürlich verehrten sie weiterhin ihre Götter, die die Naturelemente Erde, Himmel, Meer und Wind personifizierten, und trugen um den Hals ihr *tiki*, ein aus Greenstone oder Knochen geschliffenes Amulett.

1858 lebten schon mehr weiße Einwanderer in Neuseeland als Maori, von denen etliche eingeschleppten Epidemien, aber auch blutigen Kämpfen mit den neuen Siedlern zum Opfer fielen. Der Zivilisationsschock tat ein Übriges: Die Jungen vergaßen Traditionen, Sprache und Werte ihrer Ahnen, viele Großfamilien brachen auseinander.

RENAISSANCE DER MAORI-KULTUR

Dass die Maori-Kultur heute noch existiert, ist weitgehend einer in den 1970er-Jahren beginnenden Renaissance zu verdanken. Besonders erfolgreich waren Bemühungen, die Sprache wiederzubeleben. 1987 wurde sie, gemeinsam mit Englisch, zur Staatssprache erklärt. Heute lernen viele Vorschulkinder, darunter auch weiße, Maori vor allem in sogenannten Sprachnestern, den *kohanga reo*.

Mit dem Tourismus kam auch die Erkenntnis, dass mit der Maori-Kultur gutes Geld zu verdienen ist. Vor allem in und um Rotorua gehören mehr oder weniger authentische Tanz- und Sangesdarbietungen der Folkloregruppen zum Programm. Die großen Hotels veranstalten regelmäßig *hangi* › S. 54, bei denen Speisen aus modifizierten Erdöfen serviert werden. Inzwischen sind auch immer mehr Maori-Sippen unter die Veranstalter gegangen und führen Touristen zu Hangi und Folklore auf ihr *marae* (sprich: Marei), ein Gelände mit einem spitzgiebeligen Versammlungshaus *(wharenui)*, das ansonsten für Fremde tabu ist.

Auf dem *marae* wird normalerweise in manchmal tagelangen Sitzungen alles besprochen, was der Sippe am Herzen liegt. Durch die niedrige Tür neben dem einzigen Fenster darf man – nur ohne Schuhe – in das Versammlungshaus eintreten. Die aus Holz geschnitzten Fratzen verkörpern Geister aus der Mythologie oder bedeutende Ahnen. Die standardisierte Architektur der *wharenui* symbolisiert den jeweils verehrungswürdigsten Ahnen: Die Giebelbalken über der Tür stellen die Arme dar, der Firstbalken das Rückgrat und die Dachverstrebungen die Rippen. Viele Maori-Schnitzereien sind wahre Kunstwerke und werden heute noch in spezialisierten Werkstätten von geschulter Hand gefertigt.

DIE GEGENWART

Derzeit fungiert als oberste Autorität offiziell der Maori-König Tuheitia Paki vom Stamm der Tainui im Waikato-Gebiet von Ngaruawahia. Wie all seine Vorgänger ist er ein Nachkomme des ersten Monarchen Potatau Te Wherowhero. Er wird zwar nur von einem kleinen Teil des Volkes, gleichwohl aber von der neuseeländischen Regierung anerkannt. Die Hälfte der Maori leben von der Sozialhilfe, sie stellen einen Großteil der Arbeitslosen, ihr Bildungsniveau liegt unter dem Durchschnitt, und jüngste Untersuchungen belegen auch eine schlechtere gesundheitliche Verfassung.

Daraus auf eine von den Weißen, den *pakeha*, wie sie in der Maori-Sprache heißen, unterdrückte dunkelhäutige Minderheit zu schließen, wäre aber falsch. Denn im Großen und Ganzen leben die beiden ethnischen Gruppen gleichberechtigt und recht friedlich zusammen. Wenn es Streit gibt, dann meist um die vielerorts noch ungeklärten Landrechte, die einige Maori-Stämme einfordern, weil sie ihrer Meinung nach bei der Besiedlung des Landes durch die Weißen betrogen wurden. Von gewalttätigen Auseinandersetzungen und kriminellen Ausschreitungen junger Maori hört man leider zunehmend in den Großstädten, vor allem in Auckland, wo Straßengangs den Kiwis den Glauben an Sicherheit und Ordnung rauben.

PROBLEME EINES VIELVÖLKERSTAATS

Schwierigkeiten bereitet auch die Integration der rund 320 000 von den umliegenden Südseeinseln stammenden Melanesier und Polynesier. Die meisten leben in Auckland – der eigentlichen Hauptstadt Polynesiens – nicht selten am Rande des Existenzminimums, zumal oft zahlreiche Verwandte auf der Heimatinsel am mageren Verdienst partizipieren.

Richtig schwer tun sich die eigentlich gastfreundlichen Neuseeländer mit den asiatischen, in der Mehrzahl chinesischen Einwanderern. Ihr zielgerichteter Fleiß und ihr Ehrgeiz werden mit Misstrauen beäugt. Man fürchtet um traditionelle neuseeländische Werte wie Fair Play und Understatement, vor allem aber um den bislang gepflegten, eher geruhsamen Way of Life.

🗨 DER VERTRAG VON WAITANGI

Nahe der Mündung des Waitangi River versammelten sich am 5. und 6. Februar 1840 Gouverneur William Hobson und 46 Maori-Häuptlinge zur Unterzeichnung eines Vertrags, der das friedliche und gleichberechtigte Zusammenleben von Maori und weißen Siedlern sichern sollte. Eine Konfrontation wie in Australien mit den Aborigines wollten die Engländer verhindern. Im Wesentlichen ging es darum, dass die englische Krone die Souveränität über Neuseeland erhielt und die Maori als britische Bürger unter ihren Schutz stellte. Im Gegenzug wurden den Maori die Besitzrechte über ihre Ländereien zugesichert, wobei allerdings das Vorkaufsrecht bei der Kolonialmacht lag. Danach ging das Dokument auf Reisen, um noch von 450 Stammesoberhäuptern im ganzen Land unterzeichnet zu werden. Mit dem »Treaty of Waitangi« war der Staat Neuseeland geboren > S. 75.

Doch Streit um die Vertragsauslegung war vorprogrammiert, denn die Häuptlinge hatten eine allzu frei in Maori übersetzte Textfassung unterschrieben. So wurde z. B. *sovereignty* übersetzt mit *kawanatanga,* worunter die Maori das Gouverneursamt verstanden und nicht den Begriff »Souveränität«. Demnach sicherten sie der Krone keineswegs die Alleinherrschaft über Neuseeland zu, sondern lediglich das Recht, einen Gouverneur für die weißen Untertanen einzusetzen. Für erhebliche Unstimmigkeiten sorgt bis heute die Auslegung der den Maori zugesicherten Land- und Autonomierechte. 1975 wurde ein spezieller Gerichtshof, das »Waitangi Tribunal«, eingesetzt, das die Ansprüche der Maori überprüft und gegebenenfalls Land bzw. dessen Gegenwert in NZ-Dollar zurückteilt. Die meist sehr komplizierten Verfahren werden das Gericht noch auf Jahre beschäftigen.

KUNST & KULTUR

ARCHITEKTUR

Der tägliche Überlebenskampf ließ den Menschen der Pionierzeit keine Muße, sich mit schöngeistigen Dingen zu beschäftigen. Man lebte in kargen Holzhütten. Erst 1835 wurde aus groben Felsbrocken das erste Steinhaus erbaut, in Kerikeri in der Bay of Islands › S. 77. Im Laufe der Jahre nahm der koloniale Baustil nach englischem Vorbild Formen an. Hübsche Holzhäuser mit Erkern und handgeschmiedeten Verzierungen entstanden. Später setzte sich bei repräsentativen Steinbauten wie Kirchen, Bahnhöfen und Verwaltungssitzen der in viktorianischer Zeit beliebte neugotische Stil durch, gefolgt vom Neoklassizismus und vom Neobarock. Die Wohngebiete der großen Städte wuchsen zu vorzeigbaren Siedlungen mit stattlichen, meist hölzernen Einfamilienhäusern, von denen viele liebevoll restauriert sind.

Das Ende des Zweiten Weltkriegs läutete auch in Neuseeland den Siegeszug des Funktionalismus ein. Nach stillosen Bürokästen der 1970er-Jahre haben neuseeländische Architekten die Geschäftszentren der Großstädte mit bisweilen futuristischen Glas-Stahlbeton-Konstruktionen verschönt, z. B. Ian Athfield mit dem Michael Fowler Centre in Wellington › S. 100.

MUSIK, LITERATUR, FILM

Neu entstandene Kulturzentren in den Großstädten stillen den Kulturhunger der Kiwis. Hier werden anspruchsvolle Musikwerke und Theaterstücke aufgeführt, hier treten immer häufiger internationale Künstler auf. Junge Schauspieler, Stückeschreiber und Musiker werden gefördert. Weltweit bekannt sind **Crowded House, Brooke Fraser** oder **Lorde**, die 2014 bei der Grammy-Verleihung gleich zwei Auszeichnungen erhielt. Auf der Opernbühne reüssierten **Donald McIntyre** und **Kiri Te Kanawa.**

Wer als neuseeländischer Künstler groß herauskommen will, muss sich nach wie vor in Übersee beweisen, entweder in Europa, den USA oder gleich nebenan, in Australien. Das erfuhr auch die längst verstorbene Schriftstellerin **Katherine Mansfield** (1888–1923), die Anfang des 20. Jhs. in Europa mit ihren Kurzgeschichten auffiel. Viele ihrer Werke wurden, ebenso wie die von **Janet Frame** (1924–2004) und **Keri Hulme** (geb. 1947), ins Deutsche übersetzt. Unter den zeitgenössischen Autoren erlangten **Lloyd Jones, Carl Nixon, Witi Ihimaera** und **Paula Morris** internationale Bekanntheit. Kein Buch verkaufte sich bislang in Neuseeland besser als »The Cleaner« (dt. »Der siebte Tod«) von **Paul Cleave.** Auf das Erstlingswerk des Thriller-Autors folgten weitere internationale Bestseller.

In den letzten 25 Jahren haben neuseeländische Filme den Durchbruch an die Weltspitze geschafft. Die Erfolge von »Goodbye Pork Pie« (1981, **Geoff Murphy**) und »Once were Warriors« (1994, **Lee Tamahori**) wurden noch übertroffen von dem mit vier Oscars ausgezeichneten Kinofilm »Das Piano« (1993, **Jane Campion**), dem oscarnominierten Maori-Drama »Whale Rider« (2002, **Niki Caro**) und dem zwischen 2001 und 2004 mit insgesamt 15 Oscars prämierten Filmepos »Herr der Ringe«, dessen drei Teile vom neuseeländischen Regisseur **Peter Jackson** komplett in seiner Heimat gedreht wurden. Von 2011 bis 2013 verfilmte Jackson die Trilogie »Der Hobbit«. Das Studio Weta Workshop in Wellington ⟩ S. 104 animierte Hollywood-Blockbuster wie »King Kong« und »Avatar«.

MAORI-KUNST

Die Maori haben vor allem im Bereich der Schnitzkunst große Meisterschaft entwickelt. Besondere Sorgfalt ließ man den Götter- und Ahnenfiguren an den Versammlungshäusern der *marae* ⟩ S. 46 angedeihen sowie den kunstvoll gefertigten Kriegskanus. Auch Waffen, Musikinstrumente und Hausrat wurden aufwendig verziert. Neben einheimischen Hölzern waren Tierknochen und Greenstone beliebte Werkstoffe, aus denen die Maori Waffen und Schmuckstücke herstellten. Hochwertige Schnitzereien werden heute wieder in Werkstätten von geschulter Hand gefertigt. Dabei finden überlieferte Muster wie das *koru* Verwendung, ein Spiralornament, das dem sich ausrollenden Farnwedel nachempfunden ist, aber auch moderne Motive. Das *moko,* die Gesichtstätowierung, ist eine weitere Maori-Kunstform, die eine Renaissance erlebt hat. Ihre unterschiedlichen Ornamente machten einst den Status einer Person und ihre Stammeszugehörigkeit erkennbar.

Bei der Verfilmung der »Hobbit«-Trilogie doubelte Neuseeland erfolgreich das Auenland

HOLZ, JADE ODER SCHILLERNDE MUSCHELN?

Paua-Perlmutt fand in Polynesien über Jahrhunderte als Muschelgeld Verwendung

Die schönsten Neuseeland-Souvenirs sind handgemacht. Es lohnt sich, die am Straßenrand ausgeschilderten kleinen Ateliers der Künstler und Kunsthandwerker aufzusuchen. Verbreitet sind Holzschnitzereien, Keramik, geschliffene Jade, Web- und Strickwaren sowie traditionelles Maori-Kunsthandwerk. Generell gilt: Qualität hat ihren Preis. Bei Billigware handelt es sich garantiert um industrielle Massenprodukte.

MAORI-SCHNITZEREIEN

Ganz typisch sind Holzarbeiten mit fratzenhaften Gesichtern, wie sie auch die traditionellen *marae* schmücken. Weniger Platz im Reisegepäck beanspruchen nach alten Motiven geschnitzte Tierknochen, die als Amulett getragen werden.

• Te Puia Maori Arts & Crafts Institute 📙 K6
Große Auswahl und zuverlässig gute Qualität.
Hemo Road | Rotorua › S. 87
www.tepuia.com
Tgl. 8.30–17 Uhr, Sommer bis 18 Uhr
• Weitere Infos und Anbieter unter www.maori.org.nz

PAUA-PREZIOSEN

Die Schalen der Paua-Muscheln erleben eine Renaissance, nachdem das schillernde Perlmutt bereits von den Maori in vorkolonialer Zeit als dekorativer Werkstoff genutzt wurde. Den einfallslosen Paua-Schmuck der Souvenirläden lässt man besser links liegen – immer mehr Goldschmiede wissen die Muschelschalen fantasievoll zu verarbeiten.

- **Pauanesia**  J5
  Schmuck und originelle Wohnaccessoires
  aus Paua-Perlmutt.
  35 High St. | Auckland
  www.pauanesia.co.nz
  Mo 10–17, Di–Do 9.30–17.30, Fr bis 19.30,
  Sa 10–17, So 10.30–16.30 Uhr

GREENSTONE

Der jadeähnliche Halbedelstein wird
nur an der West Coast gewonnen,
wo sich Hokitika › S. 125 mit mehreren Werkstätten auf preiswerte Massenware spezialisiert hat. Moderne
Jade-Schmuckstücke fertigt **Ian
Boustridge** in seinem Ateliershop
bei Greymouth. Wie man den harten
Stein eigenhändig in Form bringt,
lernt man im Rahmen eines Kurses
bei **Bonz 'n Stonz** in Hokitika.

- **Ian Boustridge** J5
  56 Jacks Rd. | Unit 7 | Greymouth
  Tel. 027-252 5125 (vorherige Anmeldung
  erforderlich)
- **Bonz 'n Stonz** E12
  27 Sewell St. | Hokitika
  Tel. 03-755 6504
  www.bonz-n-stonz.co.nz

FUNDGRUBEN

Das Sortiment guter **Kunsthand-
werkläden** reicht von Schmuck und
Textilien über Keramik und Glas bis
zu Schnitzereien aus Holz, Greenstone und Knochen. All das findet
man in qualitätvoller Ausführung
u. a. bei:

- **Gallery Pacific** J5
  3/34 Queen St. | Auckland
  www.gallerypacific.co.nz
  Tgl. geöffnet
- **Te Papa Museum Shop** H10
  Cable Street | Wellington › S. 100

- **Cabagge Tree** H3
  Williams Road | Paihia
  www.thecabbagetree.co.nz
  Tgl. geöffnet
- **Punakaiki Crafts & Café** E12
  SH 6 | gegenüber Pancake Rocks
  www.punakaiki.co.nz/crafts
  Tgl. 8.30–19, Winter 9–17 Uhr
- **Canterbury Museum** G13
  Christchurch › S. 114

KUNSTHANDWERKER-MEKKA NELSON

Wer kunstfertige Handarbeit schätzt,
sollte Nelson › S. 120 besuchen – die
freundliche Stadt an der Nordküste
der Südinsel hat sich zur kreativen
Hochburg entwickelt. Weil Töpfer
hier ideale Tonerde finden, ist die
Auswahl an Keramik groß. Dazu gibt
es eine Broschüre, den »Tourist Guide to Nelson Potteries«. Ein hilfrei-
cher Wegweiser zur Kunstszene ist
auch der »Nelson Arts Guide« (www.
nelsonartsguide.co.nz), der in der
Visitor Information erhältlich ist.

Erst das Schleifen lässt die Schönheit von
Greenstone richtig zutage treten

FESTE & VERANSTALTUNGEN

Neuseeländer feiern gern und oft – irgendwo gibt es immer eine A & P Show (Agricultural & Pastoral Show), wie die von einem Volksfest begleiteten Landwirtschaftsveranstaltungen auch genannt werden, und meist steht dabei mindestens ein uriger Wettbewerb auf dem Programm, z. B. Holz hacken ...

FESTKALENDER

Januar: Bei **Summer City Festivals** in vielen Großstädten, vor allem in Wellington und Christchurch, wird ausgelassen unter freiem Himmel gefeiert. In Tauherenikau bei Masterton und in Glenorchy finden volkstümliche **Pferderennen** bzw. **Rodeos** statt. Die **Jacht-Regatta** im Hauraki Gulf von Auckland findet Beachtung im ganzen Land. In der zweiten Hälfte des Monats treten beim **Bread & Circus – World Buskers Festival** an 10 Tagen überall in der Stadt nationale und internationale Straßenkünstler auf. Sehr unterhaltsam – und häufig kostenlos.

Februar: Nationalfeier zum **Waitangi Day** (6. Febr.) an der Bay of Islands. Reichlich getrunken und gegessen wird beim **Marlborough Wine & Food Festival** in Blenheim. Viele Zuschauer lockt der **Coast-to-Coast-Triathlon** von der Westküste nach Christchurch zum Zieleinlauf in New Brighton. Zum farbenfrohen Kostümfest gerät alljährlich das **Art Déco Weekend** in Napier, das den 1920er- und 1930er-Jahren huldigt.

Maori-Tänze und -Gesänge begleiten die Feierlichkeiten zum Waitangi Day

März: Bei der **Schafschur-Weltmeister-schaft** (Golden Shears) in Masterton treten nur die Besten an. Weniger Wild gegessen als wild gefeiert wird beim **Wildfoods Festival** in Hokitika. Das **Drachenboot-Festival** im Hafen von Wellington wird von unzähligen Besuchern am Ufer beobachtet. Ein folkloristisches Highlight ist die **Maori-Kanu-Regatta** in Ngaruawahia bei Hamilton.

April: Zum nostalgisch kostümierten **Autumn Festival** im früheren Goldgräberort Arrowtown legt die Natur ihre schönsten Herbstfarben an. Bei **Balloons over Waikato** schweben über 40 Heißluftballons im Himmel über Hamilton.

Juni/Juli: Ausgelassen und mit allerhand verrückten Wettbewerben eröffnet das **Winter-Festival** in Queenstown die Skisaison in Central Otago. Auch auf der Nordinsel lassen es die Wintersportler ordentlich krachen, beim **Vulcanic Plateau Ski Fest** am Mount Ruapehu.

August: Mehr als 50 Musikgruppen aus dem In- und Ausland spielen zum **Bay of Islands Jazz and Blues Festival** in Russell und Paihia auf (2. Wochenende).

September: World of Wearable Art Award Show heißt das extravagante Modespektakel in Wellington, das Kleidung als Kunst in einer aufwendigen Show präsentiert. Mit dem **Blossom Festival,** einem der ältesten Volksfeste des Landes, feiert Alexandra in Central Otago den beginnenden Frühling.

Oktober: Wenn die Rhododendron-Büsche in voller Blüte stehen, laden in der Westecke der Nordinsel mehr als 100 private und öffentliche Gärten zum **Taranaki Rhododendron Festival** ein.

Dezember: Bei den **Wellington Christmas Markets** (Jervois Quay) an den ersten drei Adventswochenenden herrscht sommerliche Weihnachtsstimmung. Am **25. Dezember/Christmas Day** – und nur dann – ruht das ganze Land.

ESSEN & TRINKEN

Die Zeiten, in denen vorwiegend zu ledernen Fladen gegarte Rindersteaks oder sparsam gewürzter Lammbraten auf den Tisch kamen, sind seit Längerem vorbei – den aus aller Herren Länder eingewanderten Köchen sei Dank!

Heute kann man wählen zwischen japanischen Sushi-Happen, scharf gewürzten Thai-Suppen, indischen Currys, China-Eintopf aus dem Wok, mexikanischen Enchiladas, koreanischem Barbecue und vielem mehr. Frische Zutaten aus eigenen Landen könnten besser nicht sein, ob Kiwi, Avocado oder Kumara, die von den Maori eingeführte Süßkartoffel. Bei den Fleischlieferanten auf den Weiden überwiegen zwar immer noch Schafe, doch der verwöhnte Gaumen verlangt zunehmend nach Rindfleisch und Wild, so zart wie möglich und raffiniert zubereitet. Dass Reh und Hirsch nicht sehr wild schmecken, liegt an der Farmhaltung der Zuchttiere. Nicht nur an den Küsten bekommt man fangfrischen Fisch und alle Arten von Meeresfrüchten.

INNOVATIVE RESTAURANTSZENE

Die Restaurantszene bietet inzwischen eine ungeheure Vielfalt, allein die traditionellen Fish-&-Chips-Buden mit ihren öltriefenden Panaden erfreuen sich weiterhin großer Beliebtheit. Experimentierfreudig wie die Kiwis nun einmal sind, jonglieren sie heute mit unterschiedlichen landestypischen Küchen und bringen kulinarische Innovationen hervor. Die leichte Pacific Rim Cuisine bedient sich aller Rezepturen rund um den Pazifik und greift gern auf alles zurück, was das Meer liefert – Fisch, Langusten, Muscheln und Austern. Mittags zum Lunch tut es auch die einfache und recht preiswerte Kiwi-Hausmannskost mit aufgeschichteten Sandwiches, prall gefüllten Pies oder Rolls. So bleibt noch Platz für ein Dessert, z. B. für Pavlova, eine mit Sahne und Kiwis garnierte Baisertorte, oder für Icecream, wovon die Neuseeländer nie genug bekommen.

Im Zuge des gastronomischen Umwandlungsprozesses beschaffen sich immer mehr Restaurants eine Alkohollizenz (lic) und lassen »BYO« (»Bring Your Own«, das Mitbringen eigener alkoholischer Getränke) nicht mehr zu. Heißt es jedoch »byo/lic« oder »byo wine only« werden Bier oder Wein serviert, man darf aber auch seinen Lieblingswein mitbringen (gegen eine »corcage« genannte Gebühr von 5–8 NZ$).

Wer zu mehreren essen geht, sollte beachten, dass in den meisten Restaurants nur »one account per table« (eine Rechnung pro Tisch) üblich ist. Bereits seit 2005 darf in Restaurants, Bars und Kneipen per Gesetz nicht mehr geraucht werden.

DEFTIGES AUS DEM ERDOFEN

Wer bei einem Maori-Clan zum *hangi* geladen ist, sollte viel Zeit und Appetit mitbringen. Die traditionelle Zubereitungsart im Erdofen wird heute nur noch anlässlich eines üppigen Festmahls angewandt und nimmt mehrere Stunden in Anspruch. Süßkartoffeln sowie große Fleisch- und Gemüsestücke garen, in Blätter eingewickelt, unter einer Erdschicht im Dampf angefeuchteter Säcke, die auf zuvor erhitzten Steinen liegen. Dabei nehmen sie einen leicht erdigen Geschmack an. Für Touristen veranstaltete *hangi* unterliegen heute strengen hygienischen Vorschriften, die die Zubereitung von Speisen in Erdlöchern verbieten.

TEA TIME – ERBE DER KOLONIALZEIT

Ein warmes Abendessen wartet auf denjenigen, der in Neuseeland zum »Tea« eingeladen wird. Soll man zu »a cuppa« hereinschauen, gibt's nur eine Tasse Kaffee oder Tee. Zu Hause wird Tee noch immer nach englischem Vorbild zelebriert und am Nachmittag mit Gebäck, meist Scones oder Muffins, gereicht. Beim Kaffeekochen waren die italienischen Einwanderer gute Lehrmeister. Fast überall bekommt man heute erstklassigen Espresso, Cappuccino oder aufgeschäumten Latte (Milchkaffee).

BRAUKUNST

Boutique oder Craft Breweries, oft mit eigenem Pub, haben dem Biertrinken eine extravagante Note verliehen. Zu den Pionieren gehörten »McCashin's« in Nelson und »Tuatara« in Paraparaumu, mittlerweile die größte Craft-Bier-Brauerei des Landes. »Monteith's«, der populäre Gerstensaft von der West Coast > S. 125, hat es längst bis in die Regale der Supermärkte geschafft. Die unterschiedlichen Biere von »Beer Works« entstehen in einer kleinen Halle am Airport in Wanaka. Hot Water Brewing hat seinen Sitz am Hot Water Beach auf der Coromandel-Halbinsel.

WEINKULTUR

Doch neuseeländische Weine können selbst passionierte Biertrinker bekehren. Wie wäre es mit einem fruchtigen Sauvignon Blanc, einem halbtrockenen Riesling oder einem aromatischen, im Eichenfass gereiften Chardonnay, die am meisten angebaute Traube? Oder soll es doch lieber ein Roter sein? Einigen Pinot Noirs bescheinigen Experten inzwischen Weltklasse. Auch Cabernet Sauvignon und Merlot sind vielversprechend. Die meisten Winzer lassen verkosten und verkaufen flaschenweise ab Keller, allerdings findet man die gängigen Weine auch im Supermarkt (meist preiswerter). Es waren vor allem aus Deutschland und Österreich stammende Winzer, die Neuseeland als Weinanbaugebiet entdeckten, inzwischen wird immer mehr Weideland in Rebgärten umgewandelt.

DIE BESTEN RESTAURANTS

- Das **Fish** im Hilton Auckland bietet frisches, raffiniert zubereitetes Seafood und schöne Ausblicke auf den Hafen durch Panoramafenster oder von der Terrasse > S. 71.
- Auf Nose to Tail Eating, die Verwertung von mehr als den üblichen Fleischstücken, setzt das **WBC** in Wellingtons Stadtteil Te Aro > S. 102.
- Eine gastronomische Institution und immer gut besucht ist das **Shed 5** in einem ehemaligen Lagerhaus an Wellingtons Waterfront > S. 103.
- **The Green Dolphin** tischt am Fischerhafen von Kaikoura an der Küste gefangene Langusten *(crayfish)* auf > S. 118.
- Bei **Mills Bay Mussels** in Havelock kommen Grünschalen-Muscheln *(greenshell mussels)* aus sauberen Fjord-Gewässern frisch auf den Teller > S. 119.
- Im **Amisfield Bistro** garantiert das mehrgängige Trust-the-Chef-Menü mit einer Auswahl kleiner, aber delikater Speisen ganz besondere Leckerbissen – auch fürs Auge > S. 130.
- Mit ebenso ehrlicher wie kreativer Küche bleibt das **Relishes Cafe** der Dauerbrenner am Ufer des Lake Wanaka > S. 133.
- Eine ehemalige Lagerhalle am Hafen von Moeraki birgt mit **Fleur's Place** eines der besten Fischrestaurants des Landes. Toller Räucherfisch > S. 29, 141.

SOMETHING FISHY

Eine Portion Unerschrockenheit braucht schon, wer hier fangfrische Languste ordert

Die Insellage mit rund 7000 km Küste beschert allzeit Fangfrisches aus dem Meer. Genießer dürfen sich auf zarte Weißfische, saftige Muscheln und edle Krustentiere freuen. Nichts ist leichter als die Frischware eigenhändig zuzubereiten (wenn man z. B. mit dem Wohnmobil unterwegs ist): die Filets in Butter braten oder den ganzen Fisch mit Zitrone in Alufolie auf dem Grill garen – einfach köstlich!

AUS DER SCHALE

Wirklich ausgezeichnete Austern gibt's nur in Neuseeland und nur in der Zeit zwischen April und August: **Bluff Oysters** aus den kühlen Gewässern im Süden der Südinsel. Feinschmecker schwören auf die fleischigen Austern, die in der Regel ohne Schale verkauft werden. Preis-

günstiger, aber etwas wässriger im Geschmack sind Pacific Oysters, die in Farmen gezüchtet werden.

Auf die Zubereitung von **Green-lipped Mussels** aus den sauberen Fjorden der Marlborough Sounds hat sich Mills Bay Mussels spezialisiert › S. 119. Auch im Slip Inn Cafe am Jachthafen von Havelock bilden sie auf der Karte den Schwerpunkt.

Wer Verlangen nach **Langusten** verspürt, ist in der »Crayfish Capital« Kaikoura › S. 118 richtig.

- **Coromandel Oyster Company** 📱 J5
  1611 SH 25 Manaia Rd. (7 km südlich von Coromandel)
  Tel. 07-866 8028 | Tgl. 10–17 Uhr
  www.freshoyster.co.nz
- **Slip Inn Cafe** 📱 H10
  Marine | Havelock
  Tel. 03-574 2345 | Tgl. Lunch und Dinner
  www.slipinn.co.nz

- **Kaikoura Seafood BBQ** 📕 H12
  Unkonventioneller, beliebter Grill an der Straße zur Robbenkolonie am Point Kean, auch Crayfish steht auf der Karte.
  Fyffe Quay | Kaikoura
  Tgl 11–16 Uhr

DELIKATESSEN AUS FARMFRISCHEM LACHS

Zuchtfische aus den heimischen klaren Gewässern stillen den Heißhunger der Neuseeländer auf zartes Lachsfleisch. Besonders beliebt sind fast grätenfreie Filets. Beim Räucherlachs ist die »Hot Smoked«-Variante (abgepackt in allen Supermärkten erhältlich) die beste.

In Mapua an der Nordküste der Südinsel verwandelt **The Smokehouse** alle möglichen Meeresfrüchte in geräucherte Delikatessen. Man kann sich ein paar Leckerbissen direkt vor Ort auftischen oder zum Mitnehmen einpacken lassen. Farmfrische Lachsdelikatessen, dazu noch aus fließendem Gebirgswasser, gibt es im Inneren der Südinsel bei **Mount Cook Alpine Salmon** › S. 129 und bei **High Country Salmon** südlich von Twizel › S. 129.

- **The Smokehouse** 📕 G10
  Shed 2 | Mapua Wharf
  Mapua | Tel. 03-540 2280
  Tgl. 11–19.30 Uhr

FAST FOOD DER KÖSTLICHEN ART

Fish & Chips, das heimliche Nationalgericht der Kiwis, kommt als »take away« traditionell in Zeitungspapier eingeschlagen aus der Fischbratküche. Auspacken und mit den Fingern essen!

Sashimi aus fangfrischem Fisch und **Sushi,** ummantelt von mariniertem Reis und Nori-Blättern, locken Gourmets in die Sushi-Bars. Eine sättigende Portion mit eingelegtem Ingwer und etwas Wasabi gibt's für unter 10 NZ$.

FISCH-HITLISTE

Gurnard (Knurrhahn) zergeht auf der Zunge und ist auch deshalb etwas teurer. **Tarakihi** (Großaugen-Morwong) kostet ebenfalls etwas mehr. Das zarte, aber bissfeste Fleisch bedarf keiner aufwendigen Rezepturen. **Cod** (Kabeljau) gibt's überall, z. B. als Akaroa Cod aus den klaren Gewässern um die Banks Peninsula südlich von Christchurch. **Snapper** (Seebrasse) ist auch allgegenwärtig, vor allem als Red Snapper. Ein Fisch für jeden Tag; die Zubereitung macht's. **Monk Fish** (Seeteufel) entblößt strahlend weiße Filets, ideal zum Marinieren, z. B. in Zitronensaft mit Kokosmilch. **Sole** heißt die Seezunge und die kann tellergroße Ausmaße annehmen.

Austern aus heimischer Zucht sind in Neuseeland keine teure Delikatesse

Es qualmt und riecht nach Schwefel –
White Island ist Neuseelands einzige
aktive Vulkaninsel

TOUREN & SEHENSWERTES

NORDINSEL

Street Art in Auckland – die Maori-
Porträts der Künstlerin Sofia Minson
sind von Gottfried Lindauer inspiriert

Auf der Nordinsel liegen Neuseelands wichtigste Städte. Daneben warten traumhafte Strände, dämmrige Regenwälder mit uralten Baumriesen und das Vulkangebiet um Rotorua auf Erkundung, wo man auch viel über die Maori-Kultur erfährt.

Die kleinere der beiden Hauptinseln, auf Maori »Maui« genannt, hat zumindest wirtschaftlich die Nase vorn. Hier wird in der Hauptstadt Wellington das Land regiert und in der Boomtown Auckland das große Geld verdient. Napier ist bei Architekturinteressierten als »Art Deco Capital of the World« bekannt. Hawkes Bay und Wairarapa zählen zu den besten Weinanbaugebieten der Erde.

Aber die Nordinsel bietet nicht nur aufregendes Großstadtleben mit vielfältigen Einkaufsmöglichkeiten sowie kulturellen und gastronomischen Highlights, sondern auch jede Menge attraktiver Landschaften voller großartiger Natureindrücke, ob in der malerischen Bay of Islands, an den sonnenverwöhnten Stränden der Coromandel-Halbinsel, im dicht bewaldeten Eastland oder im heißblütigen Inselinnern, wo es aus Erdspalten und Krateröffnungen nur so dampft, zischt und brodelt. Von vulkanischen Aktivitäten zeugen auch der Westzipfel der Nordinsel mit dem erstaunlich symmetrisch aufragenden Kegel des Mount Taranaki und die Insel White Island in der Bay of Plenty mit brodelndem Kratersee und fauchenden Fumarolen.

TOUREN IN DER REGION

DER FERNE NORDEN

ROUTE: Auckland > Whangarei > Bay of Islands > Waitangi / Cape Reinga > Waipoua Forest > Dargaville > Twin Coast Scenic Drive > Auckland

KARTE: Seite 62
DAUER: 3–4 Tage (990 km)

PRAKTISCHER HINWEIS:
• Der SH 1 Richtung Norden wird vierspurig ausgebaut und ist zzt. auf 7 km Toll Road. Die Maut zahlt man per Kreditkarte auf www.toll road.govt.nz (2,30 NZ$/Strecke, Kennzeichen eingeben) oder über Tel. 0800-40 20 20 (Servicegebühr 3,70 NZ$). Es gibt eine kostenlose Alternativroute über Waiwera (Richtung Norden Exit 398/Silverdale; von Norden kommend hinter Puhoi Exit 388/Waiwera).

TOUR IM NORTHLAND

TOUR ❶

DER FERNE NORDEN

Auckland > Whangarei > Bay of Islands > Waipoua Forest > Dargaville > Twin Coast Scenic Drive > Auckland

TOUR-START:

Wenn es im Mietwagen bei kühler Witterung von **Auckland** `1` › S. 67 Richtung Norden geht, wärmen schon bald im kleinen Küstenort **Waiwera** `4` › S. 73 heiße Mineralquellen auf (zzt. geschl.). Auch das ländliche Idyll des hübschen Dörfchens **Puhoi** `5` › S. 73 ist den kurzen Abstecher vom Highway wert, ebenso wie das freundliche Städtchen **Whangarei** `7` › S. 74 mit seinem hübschen Jachthafen. In der zauberhaft schönen Küstenlandschaft der Bay of Islands stehen mehrere Orte für die Übernachtung zur Auswahl: **Russell** `10` › S. 76 bietet beschauliche Dorf-Atmosphäre, **Kerikeri** `11` › S. 77 entspanntes Kleinstadtleben, **Paihia** `9` › S. 75 überzeugt mit zentraler Lage und einer gut entwickelten touristischen Infrastruktur. Am nächsten Tag erteilt **Waitangi** › S. 75 auf dem Treaty Ground neuseeländischen Geschichtsunterricht und Bootstrips zeigen die schönsten Stellen der weit verzweigten Bucht vom Wasser aus, alternativ entführt ein Tagesausflug auf dem Landweg zum **Cape Reinga** `13` › S. 78, der stürmischen Nordspitze Neuseelands. Anschließend führt die Tour über Kaikohe an die Westküste, wo man weich in der goldgelben Dünenlandschaft von **Opononi** `14` und **Omapere** › S. 78 landet und alsbald in das grüne Dickicht des **Waipoua Forest** `15` › S. 78 mit seinen uralten Baumgiganten eintaucht. Auf dem Weg über das Landwirtschaftszentrum Dargaville weiter nach Süden sollte man keinesfalls das hoch interessante Kauri Museum in **Matakohe** `16` › S. 78 verpassen, das den Kauri-Raubbau in der Vergangenheit darstellt. Auf der Höhe von Wellsford empfiehlt es sich, den State Highway 1 links liegen zu lassen und der landschaftlich reizvolleren Route über den **Twin Coast Scenic Drive** und Helensville zurück nach Auckland zu folgen.

TOUR 2

HÖHEPUNKTE DER NORDINSEL

ROUTE: Auckland › Coromandel Peninsula › Tauranga › Rotorua › Taupo › Napier › Wellington

KARTE: Seite 64
DAUER: 8 Tage (1150 km)
PRAKTISCHE HINWEISE:

- Mit dem Mietwagen gelangt man auf dieser Alternativroute auch über küstennahe Straßen von Auckland nach Wellington, man sollte daher Badesachen im Gepäck griffbereit haben.
- Den Hot Water Beach mit seinen direkt unter dem Sand brodelnden Thermalquellen besucht man am besten bei Niedrigwasser – in den Sand gegrabene Löcher füllen sich dann mit warmem Wasser und fungieren als Naturbadewannen.
- In Rotorua sollte man während der Hauptsaison sicherheitshalber eine Unterkunft reservieren.

TOUR-START:

Die ersten beiden Tage verbringt man in der bezaubernd gelegenen Hafenstadt **Auckland** ❶ › S. 67 mit einem ausgedehnten Stadtrundgang sowie mit Ausflügen ins reizvolle Umland oder zu den Inseln im Hauraki Gulf. Wer am dritten Tag früh startet, lernt nicht nur die großartige Küstenlandschaft im Westen der **Coromandel Peninsula** › S. 79 kennen, sondern kann sich anschließend auch an den herrlichen Stränden im Osten erfreuen, um abends in **Whitianga** ⑲ › S. 80 oder **Hahei** ⑳ › S. 81 abzusteigen, zwei beliebten Ferienorten. Nach einem Besuch der ehemaligen Goldgräbersiedlung **Waihi** ㉒ › S. 81 geht es entlang der Bay of Plenty nach **Tauranga** ㊳ › S. 93, dem aufstrebenden Hochseehafen, wo zu Füßen des Mount Maunganui endlose weiße Sandstrände zum Verweilen verführen. Doch die nächste Nacht sollte man in **Rotorua** ㉝ › S. 86 verbringen, nicht ohne dort bei einem *hangi* Maori-Folklore und ein tradi-

TOUREN AUF DER NORDINSEL

TOUR ❷

HÖHEPUNKTE DER NORDINSEL

Auckland › Coromandel Peninsula › Tauranga › Rotorua › Taupo › Napier › Wellington

TOUR ❸

DER ENTLEGENE OSTEN

Whakatane / White Island › Opotiki › Te Araroa › East Cape › Te Puia › Gisborne

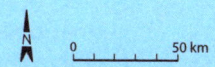

tionelles Festessen zu erleben. Durch eines der aktivsten Thermalgebiete Neuseelands führt die Tour am fünften Tag weiter nach **Taupo** `36` › S. 90 mit seinem riesigen Kratersee. Am sechsten Tag erreicht man die Hawke Bay und übernachtet mit dem Rauschen der Pazifik-Brandung im Ohr in **Napier** `48` › S. 97. Der siebte Tag gehört der aparten Art-déco-Stadt, erlaubt aber auch einen Ausflug zur Tölpelkolonie am nahen **Cape Kidnappers** `49` › S. 98 oder eine Verkostungstour zu den umliegenden Weingütern. Die Fahrt zur letzten Touretappe **Wellington** `51` › S. 99 bietet nur wenige Attraktionen, unterwegs hält erst kurz vor Ankunft die Ortschaft **Paraparaumu** `52` › S. 104 auf: u. a. mit einem sehenswerten Automuseum. In Neuseelands Hauptstadt selbst warten viele gute Restaurants und nette Cafés an der Waterfront sowie ein reiches Kulturleben.

DER ENTLEGENE OSTEN

ROUTE: Whakatane / White Island › Opotiki › Te Araroa › East Cape › Te Puia › Gisborne

KARTE: Seite 64
DAUER: 4–5 Tage (420 km)
PRAKTISCHE HINWEISE:
• Zum Ausgangspunkt der Route gelangt man mit dem Mietwagen

---

entweder auf dem Pacific Coast Highway (SH 2) ab Coromandel Peninsula bzw. Tauranga oder über den Hwy. 30 ab Rotorua.
• Die Küstenfahrt um das Eastland folgt streckenweise engen Serpentinen durch dünn besiedeltes Bergland. An der Ostseite halten lohnende Abstecher zu malerischen Buchten auf.
• Wer den Sonnenaufgang am East Cape erleben will, sollte am Vorabend einen Übernachtungsplatz in der Nähe suchen, am besten bei Te Araroa › S. 95 oder in der Hick's Bay › S. 95.

TOUR-START:

Am ersten Tag führt ein Ausflug von **Whakatane** `40` › S. 93 zur faszinierenden Vulkaninsel **White Island** › S. 95. Alternativ kann man vor der Küste mit Delfinen schwimmen. Zum Übernachten bietet sich das benachbarte Seebad **Ohope** › S. 93 an. Anderntags geht es auf dem Pacific Coast Highway weiter gen Osten, unterwegs laden am Straßenrand immer wieder einsame, naturbelassene Sandstrände zum Verweilen ein (Achtung: Die Strömungen an der Küste können gefährlich werden!). Abends heißt es früh zu Bett gehen, denn zum Sonnenaufgang am **East Cape** `43` › S. 95 sollte man hellwach sein.

Der dritte Tag beginnt spektakulär, wenn man in aller Herrgottsfrühe am östlichsten Punkt Neuseelands Stellung bezieht, um mit als Erster weltweit die ersten Sonnenstrahlen des neuen Tages zu erspä-hen. Das entschädigt für die über 20 km lange, ruckelige Anfahrt auf unbefestigter Straße hinter **Te Araroa** 42 › S. 95. Weiter südlich durch-kreuzt der Hwy. 35 die noch weit-gehend ursprünglich gebliebene Heimat der Maori vom Stamm der Te Runanga O Ngati Porou. In **Te Puia Springs** 45 › S. 95 laden Ther-malbecken zu einem wärmenden Bad ein, bevor der eine oder andere Abstecher Richtung Küste zu küh-len Pazifik-Wellen in hübschen Buchten führt: **Waipiro Bay, Tokomaru Bay, Anaura Bay** und **Tolaga Bay** › S. 95 sind jeweils einen kurzen Aufenthalt, wenn nicht sogar eine Übernachtung wert. Die am vierten Tag zurückzulegende Strecke nach Gisborne ist nur 54 km lang. Ein Katzensprung, der unterwegs Muße lässt für eine Stippvisite in dem Dörfchen **Whangara,** das als Dreh-ort für den Kinoerfolg »Whale Rider« von Niki Caro zu plötzlicher Berühmtheit gelangte. Zeit bleibt bestimmt auch noch für den herr-lichen Strand von **Wainui,** das po-puläre Seebad vor den Toren **Gisbornes** 46 › S. 96.

VERKEHRSMITTEL

- **Expresszüge** verbinden auf der Nord-insel Auckland und Wellington (»Nor-thern Explorer«) sowie Palmerston North und Wellington (»The Capital Connec-tion«, Informationen zu beiden unter www.greatjourneysofnz.co.nz).
- Ansonsten bedienen **Überlandbusse** alle wichtigen Ziele von Kaitaia im Norden bis Wellington im Süden. Das größte Bus-unternehmen ist InterCity Coachlines (www.intercity.co.nz).
- Selbst kleine Provinzstädte verfügen über eigene **Flugplätze** mit Anschluss an nationale Flugverbindungen. So landet z. B. in Kerikeri, wer die Bay of Islands anfliegt, um sich die lange Autofahrt in den fernen Norden zu ersparen. Der Flughafen Wellington ist ein Drehkreuz des Inlandflugverkehrs.

UNTERWEGS IN DER REGION

AUCKLAND 1 ⭐ 📖 J5

Die herrlich gelegene Metropole mit der Wespentaille, dem schma-len Isthmus zwischen Pazifik und Tasman Sea, hat die höchsten Im-mobilienpreise im ganzen Land. Doch das hält den Zustrom von Neubürgern nicht auf. Statistisch gesehen lebt etwa jeder dritte Neu-seeländer in Auckland. Bis zu 70 km von der City entfernt liegen die Wohnsiedlungen der Großstadt. Der verhältnismäßig hohe Maori-Anteil und die zahlreichen Einwan-derer von den pazifischen Inseln haben Auckland zur größten poly-nesischen Stadt der gesamten Pazi-fikregion anwachsen lassen.

Den mit Abstand besten Ein-druck macht Auckland an einem schönen Sommertag von der Was-serseite aus: Dann schillern Glas und Chrom der Skyline, vom gleißenden Sonnenlicht angestrahlt. Davor, im Hafen, blendet das grelle Weiß der zahllosen, an den Stegen eng vertäuten Segelboote, denen die Stadt ihren Beinamen verdankt: »City of Sails«, Stadt der Segel.

INNENSTADT

Aucklands Zentrum gruppiert sich um den **Waitemata Harbour,** in dem Ozeanriesen, Fährschiffe und Jachten vor Anker liegen. Er wird von der imposanten, 1150 m langen **Harbour Bridge** überspannt, die die Verbindung zum Northland herstellt. Die 1959 fertiggestellte Brücke wurde später seitlich um je zwei Fahrspuren erweitert – von japanischen Konstrukteuren, weshalb sie den Spitznamen »Nippon clip-on« bekam. Man kann die Brücke auch besteigen und aus 40 m Höhe einen Bungy-Sprung in die Tiefe wagen (www.bungy.co.nz, 165 NZ$).

Die Hafenfront inklusive Winyard Quarter ist eine trubelige Flaniermeile mit zahlreichen Restaurants, Cafés und Bars. Auf dem Gelände der Hobson Wharf liegt hier auch das **New Zealand Maritime Museum Ⓐ**, das die Geschichte der Seefahrt im Pazifik dokumentiert. Zu sehen sind alte Auslegerkanus der Südseeinsulaner ebenso wie eine ehemals an Neuseelands Küste betriebene Walfangstation. Ein Lastensegler startet zu einstündigen Hafenrundfahrten (Viaduct Harbour, Ecke Quay/Hobson Sts., tgl. 10–17 Uhr, Hafenrundfahrten Di–So 11.30 und 13.30 Uhr, www. maritimemuseum.co.nz, 20 NZ$, mit Segeltörn 25 NZ$).

Beim 1912 erbauten **Ferry Building Ⓑ** beginnt die Queen Street, Aucklands von modernen Bürohochhäusern und historischen Bauten gesäumte Prachtstraße. Sie durchquert die ganze Innenstadt, in deren Mitte unübersehbar **Sky City Ⓒ** liegt, ein riesiger Casinokomplex mit Hotel und diversen Restaurants. Vom 328 m hohen **Sky Tower,** dem höchsten Fernmeldeturm der südlichen Hemisphäre, bietet sich ein toller Panoramablick (Ecke Hobson/Victoria Streets). Mutige wagen den Bungy Jump vom Turm aus oder den Sky Walk (www.skywalk. co.nz, 225/150 NZ$). An der südlichen Queen Street, Ecke Greys Avenue, steht die 1911 erbaute **Town Hall Ⓓ**, Aucklands altes Rathaus.

Die durch einen modernen Anbau erweiterte **Auckland Art Gallery Ⓔ** beherbergt die bedeutendste Sammlung neuseeländischer Kunst (Wellesley Street East, tgl. 10 bis 17 Uhr, www.aucklandartgallery. com, 20 NZ$). › mehr S. 15 Punkt ㉓

Die weiter südöstlich gelegene **Auckland Domain** ist der älteste Park der Stadt. Oben auf der Hügelkuppe eröffnete 1929 das **Auckland Museum Ⓕ**. Die War Memorial Hall hält die Erinnerung an die neuseeländischen Soldaten lebendig, die in beiden Weltkriegen auf Seiten der Alliierten ums Leben kamen. Die interessanteste Abteilung zeigt Gebrauchs- und Kultgegenstände der Maori (Victoria Street West, tgl. 10 bis 17 Uhr, 11, 12, 13.30, Nov.–März auch 14.30 Uhr Folkloredarbietungen, www.aucklandmuseum.com, 25 NZ$, mit Folklore 45 NZ$).

AUCKLANDS VORORTE

Am Ostrand der City erstreckt sich das charmante Stadtviertel **Parnell** 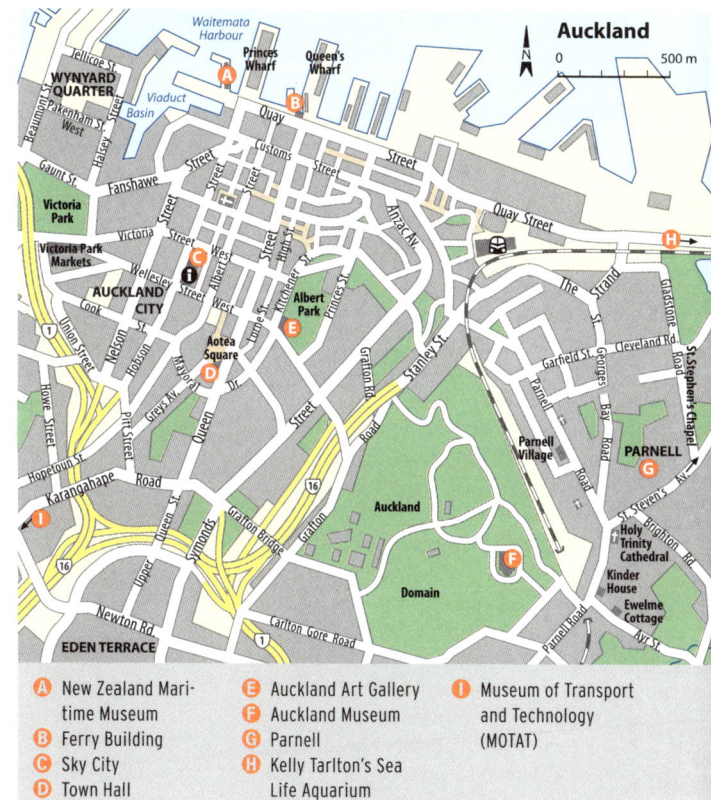 entlang der Parnell Road. In hübsch restaurierten Bauten aus der Zeit um 1900 haben sich heute Restaurants, Cafés und originelle Boutiquen eingerichtet. Blickfang auf der Parnell Road ist **Parnell Village,** eine im viktorianischen Stil gehaltene Shopping Mall. Andere Bauten sind von echtem historischen Wert, beispielsweise das aus Kauri-Holz gezimmerte **Ewelme Cottage** aus dem Jahr 1863 (14 Ayr St., So 10.30 bis 16.30 Uhr, www.ewelmecottage.co.nz, 8,50 NZ$), die 1856/57 erbaute **St. Stephen's Chapel** (Ecke St. Stephens/Parnell Road) und **Kinder House,** errichtet für Reverend John Kinder im Jahr 1857 (2 Ayr St., Mi–So 12–15 Uhr, www.kinder.org.nz, Eintritt frei, Spende).

Weiter südlich erhebt sich im wohlhabenden Wohnviertel **Mount Eden** der gleichnamige Vulkankegel mit unverbauter Weitsicht aus 196 m Höhe (Mount Eden Road).

Ⓐ New Zealand Maritime Museum
Ⓑ Ferry Building
Ⓒ Sky City
Ⓓ Town Hall
Ⓔ Auckland Art Gallery
Ⓕ Auckland Museum
Ⓖ Parnell
Ⓗ Kelly Tarlton's Sea Life Aquarium
Ⓘ Museum of Transport and Technology (MOTAT)

Liebevoll restaurierte Holzhäuser prägen das Bild in Aucklands Nobelviertel Parnell

Am Hafen vorbei führt der Tamaki Drive zu **Kelly Tarlton's Sea Life Aquarium** . Spektakuläre Einblicke in das riesige Aquarium gewährt ein 120 m langer gläserner Tunnel. Rochen, Haie und Seeschildkröten schwimmen dicht über die Köpfe der Besucher hinweg. Im selben Komplex wird mit dem **Antarctic Ice Adventure** frostige Südpol-Landschaft vorgegaukelt. Nur die Pinguinkolonie ist echt (23 Tamaki Dr., Orakei, tgl. 9.30–17 Uhr, www.kellytarltons.co.nz, 39 NZ$). Noch ein Stück weiter östlich liegen **Mission Bay** und **St. Heliers Bay,** hübsche Buchten mit populären Badestränden und lebhafter Gastronomie.

Im Westen des Stadtzentrums begeistert das weitläufige **Museum of Transport and Technology (MO-TAT)** im Western Springs Park nicht nur Technikfans mit Hang zum Nostalgischen. Zwischen herausgeputzten Oldtimern, Dampfloks und hölzernen Postkutschen wird für die Nachwelt auch das Fluggerät des neuseeländischen Luftfahrtpioniers Richard Pearse erhalten, der fast zeitgleich mit den Gebrüdern Wright erste motorisierte Flugversuche unternommen haben soll (Western Springs, 805 Great North Rd., tgl. 10–17 Uhr, www.motat.org.nz, 19 NZ$). › mehr S. 16 Punkt **25**

INFO

i-SITE Visitor Information Centre
- Sky City (Atrium)
  Victoria/Federal Streets | Auckland
  Tel. 09-365 9918
  www.aucklandnz.com
  Büros auch am Flughafen (Ankunftshalle, Tel. 09-365 9925) und an der Princes Wharf, 137 Quay St., am Kreuzfahrtterminal (Tel. 09-365 9914). Dort hat auch das **Department of Conservation (DOC)** eine Niederlassung und informiert über die

Nationalparks und die Inseln im Hauraki Gulf (Tel. 09-379 6476, www.doc.govt.nz, tgl. 9–16.30 Uhr).

VERKEHRSMITTEL

- **Flughafen:** 30 Fahrminuten südwestl. der City (www.aucklandairport.co.nz); ein Taxi ins Zentrum kostet ca. 70 NZ$, preiswerter ist der alle 10–20 Min. verkehrende SkyBus (36 NZ$ h/z).
- **Bus:** Der grüne Inner Link Bus durch die Innenstadt hält bei den wichtigsten Sehenswürdigkeiten (Einzelticket 3,50 NZ$). Der rote City Link Bus verkehrt vom Wynyard Quarter entlang der Queen Street bis zur Karangahape Road und zurück (Einzelticket 1 NZ$). Der AT-HOP-Tagespass (24 Std. gültig) kostet 18–24 NZ$ (je nach Zone) und gilt für Zug, Fähre (nur Fullers) und Busse (außer Flughafenbus). Infos: www.at.govt.nz. Als Doppeldecker chauffiert der Auckland Explorer Bus durch die Stadt (Tagespass 45 NZ$, www.explorerbus.co.nz).
- **Bahn:** Überlandzüge und Bahnlinien ins Umland starten an der Britomart Station unterhalb des alten General Post Office am Queen Elizabeth Square.
- **Schiff:** Vom Ferry Building aus pendeln Fähren nach Devonport und zu den Inseln im Hauraki Gulf.

HOTELS

Hotel Pullman Auckland €€€
Modernes, zentral gelegenes Haus mit Pool, Fitnesscenter und Spa.
- Waterloo Quadrant/Princes Street Auckland | Tel. 09-353 1000 www.pullmanauckland.co.nz

Quest Serviced Apartments €€€
Günstig gelegene City-Apartments mit guten Raten im Internet.

- 363 Queen St. | Auckland Tel. 09-300 2200 www.questapartments.co.nz

Bavaria Bed & Breakfast Hotel €€
Heimeliges B & B in viktorianischer Villa, ruhig in einer Wohnstraße gelegen.
- 83 Valley Rd. | Mount Eden Tel. 09-638 9641 www.bavariabandbhotel.co.nz

Base Backpackers €
Für die Innenstadtlage preiswerte Doppelzimmer und eine Fülle von Infos im angeschlossenen Reisebüro.
- 229 Queen St. | Auckland Tel. 09-358 4877 | www.stayatbase.com

Takapuna Beach Holiday Park €
Gepflegter Platz mit Cabins, Badestrand gleich nebenan.
- 22 The Promenade | Takapuna Tel. 09-489 7909 | www.takapuna beachholidaypark.co.nz

RESTAURANTS

Ausgezeichnet essen kann man auf der **Parnell** oder **Ponsonby Road,** ebenso rund um das **Viaduct Basin** und den **Britomart.** In der City empfehlen sich die Lokale auf **High** und **Lorne Street.** Sehr angesagt ist das **Wynyard Quarter** am Hafen (www.wynyard-quarter.co.nz). Eine Fähre verkehrt vom Ferry Building in der City nach **Devonport,** wo am Anleger die **Victoria Road** mit vielen guten Restaurants beginnt.

Fish €€€
Tolles Fischrestaurant mit Hafenblick im 1. Stock des Hilton Auckland.
- Princes Wharf | 147 Quay St. Auckland | Tel. 09-978 2020 www.fishrestaurant.co.nz

Kai Pasifika €€

Gutes Restaurant mit südpazifischen Gerichten wie Ziegen-Curry oder Lamm mit Taro – eine Seltenheit in Neuseeland.
- 3 Mt. Eden Rd. | Eden Terrace
  Auckland | Tel. 09-309 3740
  www.kaipasifika.com

Sushi Factory €€

Leckere Reishappen vom laufenden Band den ganzen Tag über.
- 15 Vulcan Lane | Auckland
  Tel. 09-307 3600

SHOPPING

- Haupteinkaufsstraße in der City ist die **Queen Street.** Auf **High Street** und **Ponsonby Road** haben junge, innovative Modedesigner ihre Boutiquen, ebenso rund um den **Britomart.** Beliebte Shoppingadressen sind auch der **Broadway** in Newmarket und die **Parnell Road,** wo Souvenirjäger in der **Elephant House Craft Gallery** (Nr. 237) fündig werden.
- Neuseelands größtes Shopping Centre ist **Sylvia Park** (286 Mt. Wellington Hwy., wwwkiwiproperty.com), populär ist auch **Westfield St. Lukes** (80 St. Lukes Rd., www.westfield.co.nz).

💬 **VON KÜSTE ZU KÜSTE**

»Coast to Coast« heißt der 13 km lange, reizvolle Wanderweg zwischen Pazifik und Tasmanischer See quer durch die Stadt, Mount Eden und One Tree Hill, die schönsten Aussichtspunkte Aucklands, inbegriffen. Eine Broschüre zur Wanderung mit Karte hält das i-SITE Visitor Information Centre bereit.

- Auf dem **Wochenmarkt** im südlichen Vorort Otara wird klar, warum Auckland auch als »Hauptstadt Polynesiens« bezeichnet wird (Newbury Street, Sa 6–12 Uhr).

NIGHTLIFE

An Aucklands Waterfront herrscht rund um das **Viaduct Basin** (Princes Wharf) und im neuen **Wynyard Quarter** gepflegtes Nachtleben. Die **Karangahape Road** hat sich vom Rotlichtbezirk zur angesagten Ausgehmeile gemausert. Nach wie vor beliebte Adressen für Kneipentouren sind **Parnell** und **Ponsonby Road.** Insidertipps auch unter www.heartofthecity.co.nz.

AKTIVITÄTEN

- Bei den Touren mit einer echten **America's Cup-Jacht** durch den Waitemata Harbour kann man selbst Hand anlegen (Tel. 09-359 5987, www.explore group.co.nz, 2 Std., 185 NZ$).
- Geruhsamer sind Hafenrundfahrten (90 Min., 99 NZ$) und Dinner Cruises (2,5 Std., 145 NZ$) mit **Segelschiffen** der Explore Group (Tel. 09-359 5987, www. exploregroup.co.nz).

AUSFLÜGE VON AUCKLAND

WAITAKERE RANGES 2 📖 H5

Mit dem Mietwagen ist es nur ein Katzensprung bis zur naturbelassenen, dicht bewaldeten Westküste Aucklands: Hinter dem beschaulichen Stadtteil Titirangi erreicht man den Scenic Drive, der zum **Arataki Visitor Centre** (Tel. 09-817 0077) führt. Hier erfährt man alles über das einzigartige Naturschutzgebiet mit seinen uralten Kauri-Bäumen.

Ein 250 km langes Wegenetz lädt zu Wanderungen ein, einige Abschnitte sind jedoch wegen der *Kauri dieback disease* gesperrt > **S. 78**. Daneben locken Strände wie der wilde **Karekare Beach,** an dem Szenen für »Das Piano« gedreht wurden. Ähnlich dramatisch ist die Kulisse am benachbarten **Piha Beach.** Im Norden der Waitakere Ranges hat sich am von Felsen gesäumten **Muriwai Beach** eine große Tölpelkolonie breit gemacht (Touren über Bush & Beach, Tel. 09-837 4130, www.bushandbeach.co.nz).

HAURAKI GULF 3 J4/5

Von den 46 Inseln in den Küstengewässern vor Auckland sind **Great Barrier, Tiritiri Matangi** und **Kawau Island** (Überfahrt ab Sandspit/Warkworth > **S. 74**) von besonderem Interesse – aufgrund ihrer landschaftlichen Reize sowie der vielfältigen Fauna und Flora wegen. Auf **Rangitoto Island,** Aucklands jüngstem Vulkan, kann man durch Neuseelands größten Pohutukawa-Wald wandern. > mehr **S. 15** Punkt **22** **Waiheke Island** mit seinen herrlichen Stränden gilt als Wochenendtreff der reichen Aucklander, entsprechend anspruchsvoll und kostspielig sind Unterkünfte und Restaurants.

VERKEHRSMITTEL

Fähre: Vom Ferry Building aus steuert **Fullers** (Quay Street, Tel. 09-367 9111, www.fullers.co.nz) die Inseln im Hauraki Gulf an. Autofähren nach Waiheke und Great Barrier verkehren ab Wynyard Quarter (Tel. 09-300 5900, www.sealink.co.nz).

NORTHLAND

Ein mildes Klima und sichere Naturhäfen – die Region nördlich von Auckland wurde früh von Europäern besiedelt. Schon die Maori hatten die Vorzüge der wald- und buchtenreichen Landschaft zu schätzen gewusst: Aus den Stämmen gewaltiger Kauri-Bäume ließen sich seetaugliche Kanus schlagen, der Fischreichtum der Küstengewässer war eine nie versiegende Nahrungsquelle. Als 1840 an der Bay of Islands der Staat Neuseeland gegründet wurde > **S. 47**, hatten weiße Siedler die umliegenden Wälder bereits so gut wie kahl geschlagen. Heute zählt das Northland zu den wirtschaftlichen Sorgenkindern Neuseelands, einziger florierender Wirtschaftszweig ist der Tourismus.

ENTLANG DER OSTKÜSTE

Etwa 45 km nördlich von Auckland liegt am SH 1 der kleine Küstenort **Waiwera** 4 H4 mit bis zu 43 °C heißen Mineral Pools (vorübergehend geschl., www.waiwera.co.nz). Ein kurzer Abstecher vom Highway führt mitten ins grüne Farmland nach **Puhoi** 5 H4. Das hübsche Dorf gilt nach wie vor als »German settlement«, obwohl gut 140 Jahre vergangen sind, seitdem sich hier eine Gruppe Deutsch sprechender Böhmen niedergelassen hat. Das frühere German Hotel von 1879 nennt sich heute **Puhoi Hotel.** Am Ende der Dorfstraße gibt es bei **Puhoi Valley Cheese** Gelegenheit zur Einkehr im Café und und zum Kauf von selbst hergestelltem Käse.

Gar kein stilles Örtchen, sondern viel besucht ist die Hundertwasser-Toilette in Kawakawa

In Warkworth führt eine Abzweigung nach **Sandspit** 6 J4, Ausgangspunkt für einen erholsamen Halbtagesausflug auf die vorgelagerte **Kawau Island** › S. 73. Hier hüpfen Wallabies um das stattliche, mit Antiquitäten eingerichtete **Mansion House,** die Rekonstruktion eines Herrenhauses des 19. Jhs. Am Sandstrand der Lady's Bay kann man ein (Sonnen-)Bad nehmen (Boottransfer dreimal tgl. ab Sandspit, Fahrtdauer ca. 30 Min., Tel. 0800-111 616, www.kawaucruises.co.nz, 55 NZ$).

Whangarei 7 H3 heißt die Metropole des Northland. Am Marsden Point, der Einfahrt zum Hafen, hilft Neuseelands größte Ölraffinerie gemeinsam mit dem ersten ölbetriebenen Kraftwerk den wachsenden Energiebedarf der Nation zu decken. Am Town Basin in der City ticken in **Clapham's Clock Museum** mehr als 1000 Zeitmesser um die Wette (Dent Street, tgl. 9–17 Uhr, www.claphams clocks.com, 10 NZ$). Ebenfalls am Town Basin entsteht derzeit, noch nach Plänen des Künstlers, das eigenwillige **Hundertwasser Wairau Maori Arts Centre.** Es zeigt Werke des Österreichers, der 2000 starb und im Northland, seiner Wahlheimat, beigesetzt wurde, ergänzt durch zeitgenössische Maori-Kunst (www.hundertwasser.nz).

Weiter nördlich, im Zentrum von **Kawakawa,** ist ein von Hundertwasser gestaltetes WC-Häuschen der Besuchermagnet (60 Gillies St.).

Im 30 km östlich gelegenen, von traumhaften Stränden gerahmten Seebad **Tutukaka** 8 H3 starten Tauchausflüge in die subtropisch warmen Gewässer der **Poor Knights Islands,** die für ihre artenreiche Unterwasserwelt berühmt sind.

INFO
i-SITE Visitor Information Centre
- 92 Otaika Rd. (Tarewa Park) | Whangarei
  Tel. 09-438 1079
  www.whangareinz.com

HOTELS
Whangarei Top10 Holiday Park
Gepflegte Campsite am Rand eines Wald-
gebiets, ca. 2 km vom Zentrum entfernt.
- 24 Mair St. | Whangarei
  Tel. 09-437 6856
  www.whangareitop10.co.nz

Pacific Rendezvous €€–€€€
Apartmentkomplex in spektakulärer Aus-
sichtslage mit Pool und Privatstrand.
- 73 Motel Rd. | Tutukaka
  Tel. 09-434 3847
  www.pacificrendezvous.co.nz

RESTAURANT
Killer Prawn €€
Frisches Seafood in modernem Ambiente.
- 26–28 Bank St. | Whangarei
  Tel. 09-430 3333

BAY OF ISLANDS
In der bezaubernden Bucht mit ihrem tiefblau schimmernden Wasser
und dem Labyrinth zumeist grüner
Inselchen finden sich für die
Kamera unzählige postkartentaug-
liche Motive. Als Ausgangspunkt
der europäischen Kolonisation und
Geburtsort des Staates Neuseeland
hat die heute populäre Ferienregion
auch historische Bedeutung.

PAIHIA 9 H3
Die hübsch am Wasser gelegene
Ortschaft mit ihren Bootsanlegern
fungiert als unaufgeregtes touristi-

sches Zentrum der Bucht. An nördlichen Ortsrand, jenseits der Brücke
über die Mündung des Waitangi
River, befindet sich die bedeutendste nationale Gedenkstätte Neuseelands: Das weitläufige Gelände des
Waitangi Treaty Ground wurde
1983 eröffnet, eine Kombination aus
historischem Freilichtmuseum und
gesellschaftspolitischem Bildungs-
zentrum. Auf dem stets kurz gescho-
renen Rasen oberhalb der Bucht,
dort, wo der Flaggenmast aufragt,
unterschrieben Engländer und Maori-Häuptlinge 1840 den Vertrag von
Waitangi › S. 47. Das **Treaty House**
im Hintergrund, einst bescheidene
Behausung des britischen Gesand-
ten James Busby, ist heute ein gepflegtes Beispiel für die Architektur
in der neuen Kolonie Mitte des
19. Jhs. Das im traditionellen Stil
erbaute **Maori-Versammlungshaus**
(*wharenui* › S. 46) gleich nebenan
wurde erst 1940 zum 100. Jahrestag
der Vertragsunterzeichnung fertig-
gestellt. Es vereint die Holzschnitzereien mehrerer Stämme, was unüblich ist. Pünktlich zum Jubiläum
wurde auch das 36 m lange, aus zwei
mächtigen Kauri-Stämmen geferti-
te **Kriegskanu** zu Wasser gelassen,
das nun am Rand der Rasenfläche
aufgebockt ist (Ende Dez.–Ende Febr.
tgl. 9–18, sonst 9–17 Uhr, www.
waitangi.org.nz, Tagespass 50 $, mit
Hangi und Folklore 120 NZ$).

INFO
i-SITE Visitor Information Centre
- The Wharf | 101 Marsden Rd.
  Paihia | Tel. 09-402 7345
  www.paihia.co.nz

HOTELS

Copthorne Hotel & Resort €€€
Weitläufige Anlage dicht am Wasser und
nah am Waitangi Treaty Ground. Schöner
Blick, viele Reisegruppen.
• Tau Henare Drive | Paihia
  Tel. 09-402 7411
  www.millenniumhotels.co.nz

Cook's Lookout Motel €€
Zimmer mit voll ausgestatteter Küche und
toller Aussicht auf die Bay. Sehr freundliche Gastgeber.
• 9 Causeway Rd. | Haruru Falls
  Paihia | Tel. 09-402 7409
  www.cookslookout.co.nz

Haruru Falls Resort Panorama €€
Apartments und Campingplatz in Sicht-
weite des abends stimmungsvoll illuminierten Wasserfalls.
• Old Wharf Road | Haruru Falls
  Paihia | Tel. 09-402 7525
  www.harurufalls.co.nz

RESTAURANT

Only Seafood Restaurant €–€€
Gutes Fischlokal mit ungezwungener
Atmosphäre an der Waterfront.
• 40 Marsden Rd. | Paihia
  Tel. 09-402 6066
  www.onlyseafood.co.nz

AKTIVITÄTEN

Fullers Great Sights veranstaltet Bootsausflüge durch die Bay of Islands, vorbei
an zahllosen Inseln, unterwegs sieht man
mit etwas Glück Delfine (Tel. 09-402 7421,
www.dolphincruises.co.nz, 112 NZ$). Reizvoll
ist ein nostalgischer Segeltörn auf dem
Zweimaster »R. Tucker Thompson«
(Ende Okt.–April, www.tucker.co.nz, Tagestour 145 NZ$ inkl. Barbecue).

RUSSELL 10 H3

Was den Glücksrittern und Aben-
teurern Mitte des 19. Jh. ein ver-
heißungsvolles Dorado war, ver-
teufelten die ersten Missionare als
Sündenpfuhl. Auf dem **Flagstaff
Hill** im Norden der Ansiedlung fäll-
te der Maori-Häuptling Hone Heke
gleich viermal den Flaggenmast des
Union Jack aus Protest gegen den
Waitangi-Vertrag. Unterhalb in der
Bucht tobten immer wieder heftige
Kämpfe. Im Innern der weiß gestrichenen **Christ Church,** 1835 erbaut
und damit die älteste noch stehende
Kirche Neuseelands, sind noch einige Einschüsse sichtbar. Auf dem historischen Friedhof an der Kirche
liegen weiße Siedler und Maori
friedlich vereint.

Heute schweift der Blick vom
Flagstaff Hill über eine verschlafene
Ortschaft mit ca. 1000 Einwohnern,
sauber gekehrten Gehsteigen und
gepflegten Vorgärten. Restauriert ist
das 1841 errichtete **Pompallier
House** an der Uferpromenade, ehemals Druckerei und repräsentativer
Sitz des französischen Bischofs Jean
Baptiste Pompallier (tgl. 10–17, Mai
bis Okt. 10–16 Uhr, www.pompal
lier.co.nz, 15 NZ$).

Tiefe Einblicke in die abenteuer-
liche Vergangenheit Russells gewährt das **Russell Museum** (York
Street, tgl. 10–16 Uhr, www.russell
museum.org.nz, 10 NZ$).

INFO

Russell Booking & Information Centre
• Russell Wharf | Russell
  Tel. 0800-633 255
  www.russellinfo.co.nz

VERKEHRSMITTEL

Fähre: Zwischen Russell und Paihia bestehen im 20-Minuten-Rhythmus Fährverbin-
dungen; die einzige Autofähre verkehrt
zwischen Russell und Opua.

HOTELS

Ounuwhao Harding House €€€
Historisches Kauri-Farmhaus von 1893, eingerichtet mit Möbeln aus der Kolonialzeit.
• 16 Hope Ave. | Matauwhi Bay
  Tel. 09-403 7310 | www.bedandbreakfast
  bayofislands.co.nz

Commodore's Lodge Motel €€
Schön und zentral an der Waterfront
gelegen, ideal für romantische Abend-
spaziergänge über die Promenade.
• 31 The Strand | Russell
  Tel. 09-403 7899
  www.commodoreslodgemotel.co.nz

RESTAURANT

Gables €€€
In historischem Ambiente mit Blick auf die
Bay wird mediterran veredelte neuseelän-
dische Küche serviert.
• 19 The Strand | Russell
  Tel. 09-403 7670
  www.thegablesrestaurant.co.nz

KERIKERI 11 📖 H3

Die in Obst- und Gemüseplantagen
eingebettete Kleinstadt hat sich
gleich zwei historisch wertvolle Bauten erhalten. Gegenüber dem Jachthafen stehen der **Stone Store** von
1835 und das **Mission House**, 1822
als Unterkunft für die Missionare
errichtet. › mehr S. 16 Punkt 30 Im
Shop, dem einstigen Missionsladen,
werden heute Souvenirs verkauft.
Außerdem kann ein kleines Pionier-

museum besichtigt werden (246 Kerikeri Rd., Mai–Okt. tgl. 10–16,
sonst 10–17 Uhr, 15 NZ$). Auf der
anderen Seite der Bucht zeigt
Rewa's Village, wie die Maori vor
Ankunft der Weißen lebten (Landing Rd., tgl. 9–16 Uhr, 10 NZ$).

HOTELS

Avalon Resort €€–€€€
Hübsche kleine Anlage; 6 Villen im Grünen
mit Blick auf einen Teich › S. 35.
• 340a Kerikeri Rd. | Kerikeri
  Tel. 09-407 1201 | www.avalonresort.co.nz

Pagoda Lodge €€
Kunterbunte Mischung romantischer Unterkünfte (z. B. ein Baumhaus) inkl. Campingplatz für Reisemobile.
• 81 Pa Rd. | Kerikeri
  Tel. 09-407 8617 | www.pagoda.co.nz

Der Stone Store in Kerikeri ist Neuseelands
ältestes erhaltenes Steingebäude

AUSFLUG ZUM CAPE REINGA 13 ▮ F2

Der längste Sandstrand des Landes beginnt am Nordende Neuseelands: Beides lernt man bei einer geführten Tagestour mit dem Bus kennen, der bei Ebbe über die Sandpiste des eigentlich nur 90 km langen **Ninety Mile Beach** brettern darf – Mietwagen ist das untersagt. Unterwegs bieten Stopps Gelegenheit zu Dünenbesteigungen und zum Sandboarding (Dune Rider, Tel. 09-359 5987, www.exploregroup.co.nz, ca. 155 NZ$ ab Paihia). Buchstäblicher Höhepunkt der Reise ist dann Cape Reinga mit seinem strahlend weißen **Leuchtturm,** den man auf einem gut ausgebauten Weg vom Parkplatz aus erreichen kann – und der inklusive Wegweiser zu Städten in aller Welt eines der beliebtesten Fotomotive Neuseelands darstellt. Tief unterhalb der Klippen vereinigen sich die Wassermassen von Pazifik und Tasmanischer See. Laut Maori-Mythologie verlassen die Seelen Verstorbener hier die Erde.

WESTKÜSTE

Südlich des **Hokianga Harbour** breitet sich eine goldgelbe Dünenlandschaft mit den beschaulichen Ferienorten **Opononi** 14 ▮ G3 und **Omapere** aus. In Opononi starten Schiffe zu Erkundungsfahrten durch den weit verzweigten Naturhafen.

Touristisches Highlight der Westküste ist der **Waipoua Forest** 15 ▮ G3. Inmitten grünen Dickichts ragen hier Neuseelands größte und älteste Kauri-Bäume in den Himmel. Auf beschilderten Wegen gelangt man zu Te Matua Ngahere, Tane Mahuta und anderen von den Maori als Waldgottheiten verehrten eindrucksvollen Baumriesen. › mehr S. 16 Punkt 27 Ihre Zeit ist aber vielleicht schon bald vorbei: Beim *Kauri dieback* handelt es sich um einen pilzähnlichen Erreger, der sich über das Wasser im Erdboden von Wurzel zu Wurzel verbreitet und für die Bäume tödlich ist. Um eine Streuung über das Profil von Schuhen zu vermeiden, wurden am Anfang der Wanderwege und an Kreuzungen Säuberungsstationen aufgestellt.

Interessantes über die Nutzung des Kauri-Baumes, der im 19. Jh. viel zum Reichtum Neuseelands beitrug, erfährt man im **Kauri Museum** in **Matakohe** 16 ▮ H4. Sehr anschaulich wird hier über die verheerenden Kauri-Rodungen sowie die *gum digger* informiert, die auf der Suche nach dem wertvollen

---

💬 **»RAINBOW WARRIOR«**

In Norden von Kerikeri gelangt man über den Hwy. 10 zur **Matauri Bay** 12 ▮ H2, in der das 1985 von französischen Agenten in Aucklands Hafen versenkte Greenpeace-Schiff »beigesetzt« wurde. Seitdem macht es unter Wasser als Marine-Denkmal auf die inzwischen gestoppten Atomversuche der Franzosen im Südpazifik aufmerksam (Tauchtrips ab Matauri Bay Holiday Park, Tel. 09-405 0525, www.matauribayholidaypark.co.nz und www.matauribay.co.nz).

Die Gebäude der Golden Crown Mine in Thames fungieren heute als Freilichtmuseum

Kauri-Harz die hellbraunen Klumpen nicht nur aus der Erde buddelten, sondern auch die Stämme einritzten und förmlich ausbluten ließen (5 Church Rd., tgl. 9–17 Uhr, www.kau.nz, 25 NZ$).

COROMANDEL PENINSULA

Die Halbinsel rühmt sich, sämtliche landschaftlichen Reize Neuseelands – schneebedeckte Hochgebirgsgipfel ausgenommen – auf kleinem Raum zu vereinen. Im Landesinneren herrschen gezackte Bergketten mit zerklüfteten Tälern und dichten Wäldern vor. An der Küste wechseln sich schöne Badebuchten mit bizarren Felsformationen ab. Eine besondere Attraktion sind die feinsandigen Pazifikstrände.

WESTKÜSTE

THAMES 17 ◨ J5

Die am Firth of Thames gelegene Kleinstadt florierte einst als Goldgräberzentrum, nachdem 1867 wertvolle Funde eine Stampede in Richtung der Halbinsel ausgelöst hatten. Das Gold wurde überwiegend aus Quarzgestein im Fels gebrochen, in mühseliger Handarbeit. Örtliche Gesteinsproben und Mineralien aus aller Welt zeigt das **Mineralogical Museum** in der früheren School of Mines (101 Cochrane St., Tel. 07-868 6227, Jan./Febr. tgl. 11 bis 15 Uhr, sonst Mi–So, 10 NZ$). Einen Eindruck von der harten Praxis der Goldgräberei bekommt man bei einer Tour durch die 1910 stillgelegte **Thames Gold Mine** (SH 25/ Moanataiari Road, Jan.–März tgl. 10–16, sonst 10–13 Uhr, www.goldmine-experience.co.nz, 15 NZ$).

INFO
i-SITE and Information Centre
- 200 Mary St. | Thames
  Tel. 07-868 7284
  www.thamesinfo.co.nz und www.the
  coromandel.com

HOTEL
Grafton Cottage and Chalets €€–€€€
Gemütliche Chalets mit Holzterrassen, von denen sich herrliche Blicke bieten.
- 304 Grafton Rd. | Thames
  Tel. 07-868 9971
  www.graftoncottage.co.nz

COROMANDEL 18 📖 J5
Auch die gleichnamige Kleinstadt im Nordwesten der Halbinsel hat auf Gold gebaut. Im **Coromandel Goldfield Centre & Stamper Battery** zerstampft noch heute eine alte Stamper Battery unter ohrenbetäubendem Lärm Gesteinsbrocken, um zu demonstrieren, wie damals Gold gewonnen wurde (410 Buffalo Rd., Touren im Sommer tgl. 10–15 Uhr, im Winter nach Vereinbarung, www.coromandelstamper battery.weebly.com, 10 NZ$). Was der Rodungswahn der frühen Siedler im Innern der Halbinsel anrichtete, versuchte der 2016 verstorbene kauzige Töpfer Barry Brickell auf seine Weise wieder gutzumachen: Unermüdlich bepflanzte er seinen 30 ha großen Naturpark mit jungen Kauri-Bäumen. Als Transportmittel diente ihm eine alte Schmalspurbahn: Die **Driving Creek Railway** befördert auch jetzt noch Besucher durch die Wildnis (380 Driving Creek Rd., tgl. 10.15, 11.30, 12.45, 14, 15.15 und 16.30, Okt.–April auch 9 und 17.45 Uhr, 75 Min., nur nach Reservierung unter Tel. 0800-327 245, www.dcrail.nz, 35 NZ$).

INFO
i-SITE Visitor Information Centre
- 85 Kapanga Rd. | Coromandel
  Tel. 07-866 8598
  www.coromandeltown.co.nz

CAMPING
Shelly Beach Motorcamp
Wettergeschützter Campingplatz an einem schmalen Strand.
- 243 Colville Rd. | 5 km außerhalb von Coromandel | Tel. 07-866 8988
  www.shellybeachcoromandel.co.nz

OSTKÜSTE
WHITIANGA 19 📖 J5
Alljährlich im Sommer kommt richtig Leben in den ansonsten ziemlich verschlafenen Küstenort. Dann herrscht Urlaubsstimmung am 4 km langen **Buffalo Beach** in der Mercury Bay. Noch feiner und weißer ist der Sand gegenüber am **Cooks Beach,** wo der Namensgeber, Captain Cook, erstmals auf neuseeländischem Boden die britische Fahne gehisst haben soll. Zwischen Stadt und Strand pendelt eine Personenfähre (7.30–18.30 Uhr, Jan. bis 22.30 Uhr). Den schönsten Ausblick über die Bucht hat man von den **Shakespeare Cliffs** ca. 2 km südöstlich von Whitianga.

INFO
i-SITE Visitor Information Centre
- 66 Albert St. | Whitianga
  Tel. 07-866 5555
  www.allaboutwhitianga.co.nz

HOTELS

Beachfront Resort €€–€€€

Motel mit 8 geräumigen Units direkt am Strand.

• 113 Buffalo Beach Rd. | Whitianga
Tel. 07-866 5637
www.beachfrontresort.co.nz

Bach Care

Die Agentur vermittelt Ferienhäuser auch in schöner Strandlage.

• Tel. 09-366 7000 | www.bachcare.co.nz

RESTAURANT

Purangi Winery €

Obst- und andere Weine, dazu gibt es leckere Snacks.

• 501 Purangi Rd. (südlich von Whitianga) | Tel. 022-639 1308
www.purangi.co.nz

STRÄNDE OHNE ENDE

Zwei besonders reizvolle Badeplätze liegen bei **Hahei** 20 ⚓ K5, einer kleinen Ferienhaussiedlung südlich von Whitianga. **Cathedral Cove** ist ausgeschildert: Nach einem etwa halbstündigen Fußmarsch vom (im Sommer häufig überfüllten) Parkplatz breitet sich der Sandstrand aus wie ein verzaubertes Fleckchen Erde, unterhalb grün überwucherter Steilfelsen, gerahmt von mächtigen Klippen, in welche die Brandung eine riesige torähnliche Öffnung gegraben hat. Der nächstgelegene Übernachtungsplatz ist das **Hahei Holiday Resort** €€–€€€ mit Motelzimmern und einer attraktiven Campsite mit Wohnmobil-Stellplätzen direkt am Strand (41 Harsant Ave., Tel. 07-866 3889, www.hahei holidays.co.nz).

8 km südlich führen Wegweiser zum **Hot Water Beach** 21 ⚓ K5, dem Strand, der Wechselbäder beschert. Denn die aus dem Boden sprudelnden Thermalquellen füllen bei Ebbe alle mit Händen und Schaufeln gebuddelten Pools im Sand. Überschwappende Meereswogen sorgen für Abkühlung. Im **Hot Waves Café** am Eingang der kleinen Siedlung kann man sich einen Spaten leihen (8 Pye Pl., tgl. 8.30–16, Fr bis 20.30 Uhr). Vorab erfährt man die Zeiten für *high and low tide* unter www.mercurybay.co.nz/activities/ hotwaterbeach.php oder über den Campingplatz › s. unten. Am Strandparkplatz bietet die Galerie **Moko Artspace** originelles Kunsthandwerk zum Verkauf an (24 Pye Pl., www.moko.co.nz).

CAMPING

Hot Water Beach Holiday Park €€€

Großzügiger Campingplatz mit originellen Cabins, ca. 1 km vom Strand entfernt.

• Hot Water Beach | Tel. 07-866 3116
www.hotwaterbeachtop10.co.nz

WAIHI 22 ⚓ K5

An den Südausläufern der Coromandel Peninsula wird immer noch Gold gefunden. Die **Martha Mine** hat am östlichen Ortsrand einen bis zu 200 m tiefen Krater in die Erde getrieben. Vom Goldabbau vergangener Zeiten zeugen noch die Mauern des Pumpenhauses aus dem Jahre 1901. Seit 2017 ist der Abbau aber erheblich eingeschränkt und wird wohl bald ganz eingestellt. 90-minütige Führungen ab **Gold Discovery Centre** mit interessanter

Ausstellung (126 Seddon St., tgl. 10.30 und 12.30 Uhr, im Sommer häufiger, 90 Min., Tel. 07-863 9015, www.golddiscoverycentre.co.nz, 39 NZ$). Ein Aussichtspunkt am Western Wall (Moresby Avenue) erlaubt einen Blick in die riesige Grube. 11 km östlich von Waihi liegt der wunderschöne, fast 10 km lange Sandstrand von **Waihi Beach** mit dem **Bowentown Beach Holiday Park** (www.bowentown.co.nz).

WAIKATO

In der Region am Waikato River sind die Maori stärker vertreten und haben mehr Einfluss als anderswo. In der Stadt **Ngaruawahia** am SH 1 wählten verbündete Stämme 1858, während der Landkriege gegen die weißen Siedler, ihren ersten »König«, praktisch als Gegenpart zur britischen Krone. Seitdem ist die Stadt Sitz des Maori King bzw. der Maori Queen. Als Palast dient das **Turangawaewae Pa** mit seinem reich verzierten Versammlungshaus. Die Anlage ist für Besucher nicht zugänglich, man kann sie aber von der Hauptstraße aus sehen, am besten von der Brücke über den Waikato River. Der neu ausgebaute SH 1 macht jetzt allerdings einen Bogen um die Siedlung.

HAMILTON 23 ▮ J6

Waikatos aufstrebendes Zentrum ist heute Neuseelands viertgrößte Stadt, zugleich die einzig bedeutende im Binnenland. Ein wirtschaftlich solides Fundament bildet das fruchtbare Farmland ringsum, für junges, modernes Leben sorgt die renommierte Waikato University. Eine sehr sehenswerte Ausstellung über die hier ansässigen Maori zeigt das **Waikato Museum of Art and History** (1 Grantham/Victoria Sts., tgl. 10–17 Uhr, www.waikatomuseum.co.nz, Eintritt frei, Spende). Das moderne Zentrum von Hamilton präsentiert sich eher nüchtern, lebendig wird es am späteren Nachmittag und Abend in den Bars und Restaurants entlang der Victoria Street zwischen Garden Place und der Hood Street gegenüber der Arts Post und dem Waikato Museum. Ein beliebtes Fotomotiv ist die **Riff-Raff-Statue** mit Live-Webcam zu Ehren von Richard O'Brien, dem in Hamilton aufgewachsenen Erfinder der Rocky Horror Picture Show (230 Victoria St., www.riffraffstatue.org).

INFO
i-SITE Visitor Information Centre
• Caro/Alexandra Sts. | Garden Place Hamilton | Tel. 0800-242 645 www.visithamilton.co.nz

AUSFLUG AN DIE SURFKÜSTE

Über den Hwy. 23 gelangt man von Hamilton in etwa 40 Minuten an die Westküste zum Surfer-Mekka **Raglan** 24 ▮ J6. Hier trifft sich die Szene am Manu oder Whale Beach, wo die Bretter so richtig über die Wellen schnellen. Zum Aufwärmen bieten sich die **Waingaro Hot Springs** 25 ▮ J6 im Norden oder die Thermalquellen am Strand von **Kawhia** 26 ▮ J6 im Süden von Raglan an. › mehr S. 13 Punkt ❾

WAITOMO CAVES 27 ⭐ 🎒 J7

Oberhalb hügelige Karstlandschaft, unter der Erde ein schier endloses Labyrinth von Kalksteinhöhlen: Mit dem Floß wurden Teile der Waitomo Caves erstmals 1887 erforscht. Heute schleusen Boote die Besucher durch die berühmte Glühwürmchengrotte mit ihren effektvoll angestrahlten Stalagmiten und Stalaktiten (tgl. 9–17, im Sommer 9 bis 17.30 Uhr, www.waitomo.com). Abenteuerlustige raften auf Reifen durch die Höhle oder seilen sich aus 100 m Höhe in die Höhlen ab und kehren dann über diverse Hindernisse kletternd oder durch unterirdische Flussläufe watend bzw. auf ihnen treibend an die Oberfläche zurück (Waitomo Adventures, Tel. 07-878 7788, www.waitomo.co.nz, Rafting/Black Labyrinth Tour 3 Std. 145 NZ$, Caving Adventure/Black Abyss Tour mit Abseiling- und Flying-Fox-Passagen 5 Std. 255 NZ$).
> mehr S. 12 Punkt ❼

INFO

i-SITE Visitor Information Centre
Buchung aller angebotenen Höhlenabenteuer. Das angeschlossene Museum informiert über Geologie und Entstehungsgeschichte der bizarren Landschaft (tgl. 9–17, Jan./Febr. bis 18.30 Uhr).
• 21 Waitomo Village Rd. | Waitomo
  Tel. 07-878 7640
  www.waitomocaves.com

HOTELS

Waitomo Caves Hotel €–€€€
Viktorianischer Bau mit leicht verblichenem Charme; Zimmerkomfort von einfach bis komfortabel.
• RD7 Otorohanga | Waitomo
  Tel. 07-878 8204
  www.waitomocaveshotel.co.nz

Waitomo Top 10 Holiday Park €
Gepflegter Campingplatz im Ort, auch Tourist Flats und einfache Cabins.
• 12 Waitomo Village Rd. | Waitomo
  Tel. 050-849 8666
  www.waitomopark.co.nz

🐛 GLÜHWÜRMCHEN

Was so romantisch vom dunklen Höhlengewölbe funkelt, ist von Nahem betrachtet nichts anderes als die farblose, bis zu 3,5 cm große Larve der Fungus-Mücke. In einem aus Seidenfäden gesponnenen, röhrenartigen Nest hängt sie von der Decke. Den körpereigenen Leuchtstoff setzt die Larve (mittels einer chemischen Reaktion im Verdauungssystem) nur in Gang, um andere Insekten anzulocken und mit klebrigen, etwa 10 cm langen Seidenfäden am Nest Beute zu machen. Sobald ein Insekt, ob Fliege oder Tausendfüßler, eine der durchsichtigen Schnüre berührt, hängt es in der Falle, wird in Windeseile ins Nest gezogen und verspeist. Nach etwa acht Monaten verpuppt sich die Larve und bricht nach weiteren zwei Wochen als voll entwickelte Fungus-Mücke aus der Hülle aus. Doch nur kurz ist ihr Leben, das kaum mehr als 48 Stunden dauert und nur einen Zweck hat: die Fortpflanzung! Aus dem vom Weibchen gelegten Ei schlüpft nach 20 Tagen ein neues Glühwürmchen.

An klaren Tagen spiegelt sich der Mount Taranaki sehr fotogen im Lake Mangamahoe

TARANAKI

Die ländlich geprägte Taranaki-Halbinsel wird vom 2518 m hohen **Mount Taranaki** geprägt – einem symmetrisch geformten Vulkankegel, der dem Fuji in Japan zum Verwechseln ähnlich ist. Der Gipfel des von den Engländern Mount Egmont genannten Berges war den Maori heilig. Er ist das Zentrum des Egmont National Park › S. 85. Strand- und Surf-Fans kommen bei einer Fahrt auf dem Hwy. 45 (Surf Coast Highway) auf ihre Kosten. Die am schönsten gelegenen Campingplätze befinden sich in **Oakura** und **Kaupokonui.**

NEW PLYMOUTH 28 📖 H8

Der 1841 gegründete Ort ist das wirtschaftliche Zentrum der Region. Öl- und Gasresourcen im Um-land und vor allem unter dem Meeresgrund vor der Küste haben die einst ländliche Siedlung in eine Industriestadt verwandelt. Besonderen Reiz bezieht New Plymouth durch die einmalige Lage zwischen Ozean und Berggipfel. Das ganze Jahr über schneebedeckt ist der Gipfel des erloschenen Vulkans, der Mitte des 17. Jhs. zum bislang letzten Mal ausbrach. New Plymouth besitzt schöne Grünanlagen wie den **Puke-kura Park** an der Liardet Street mit seiner Wasserlandschaft oder den angrenzenden **Brooklands Park** mit teils uralten einheimischen Bäumen. Im Frühling (Sept./Nov.) lohnt ein Spaziergang durch den in ein Blütenmeer verwandelten **Pukeiti Rhododendron Trust** 20 km süd-westlich (2290 Upper Carrington Rd., www.trc.govt.nz/gardens/puke iti, tgl. 9–17 Uhr, Eintritt frei).

INFO

i-SITE Visitor Information Centre

• 65 St. Aubyn St. (im Foyer des Puke Ariki
Center) | New Plymouth
Tel. 06-759 0897 | www.taranaki.info
www.visitnewplymouth.nz

HOTEL

Wai-iti Beach Retreat €€

Hübsche Apartments mit Meerblick, geschützte Campsite für Reisemobile.

• 30 Beach Rd. | Urenui (ca. 35 Fahr-
minuten nördlich von New Plymouth)
Tel. 06-752 3726 | www.wai-itibeach.co.nz

RESTAURANT

Salt Restaurant & Bar €€–€€€

Schickes Hotelrestaurant mit moderner
neuseeländischer Küche und schönem
Blick aufs Wasser.

• 1 Egmont St. (Millennium Hotel Waterfront)
New Plymouth | Tel. 06-769 5304
www.millenniumhotels.com

STRATFORD 29 ▮ H8

Das nicht sonderlich attraktive
Straßendorf fungiert als Tor zum
Egmont National Park 30 ▮ H8.
Aufgrund der isolierten Lage hat
sich an den Hängen des schlafenden
Vulkans eine ganz eigene Vegeta-
tion entwickelt. Relativ viele ein-
heimische Bäume prägen noch die
Wälder bis zur Baumgrenze. Ober-
halb breitet sich Tussock-Gras aus.
Der Hwy. 45 führt im Westen küs-
tennah um den Berg herum; die
Osthänge passiert der SH 3. Im
Winter stürmen Skiläufer den Berg,
im Sommer Wanderer und Klette-
rer. Zwei Straßen führen hinauf:
Eine endet auf 845 m am Stratford
Mountain House, unweit der Skipis-

ten. Die andere führt zu den 924 m
hoch gelegenen, eindrucksvollen
Dawson Falls. An beiden Bergsta-
tionen beginnen Wanderwege. Zu
den Wasserfällen sind es 30 Min.
Der Around the Mountain Circuit
führt in einem 55 km langen Rundkurs (5 Tage) unterhalb des Gipfels
an sechs Hütten vorbei. Den Gipfel
sollte man nur im Rahmen einer
geführten Tour besteigen.

INFO

DOC Dawson Falls Visitor Centre

Infos zu Wanderungen rund um den Mount
Taranaki. Nur Do–So 9–16 Uhr.

• Manai Road | Kaponga
Tel. 027-443 0248 | www.doc.govt.nz

HOTEL

Dawson Falls Mountain Lodge €€

Alpines Berghotel im Schweizer Stil auf
900 m Höhe, beliebt vor allem bei Wande-
rern und Wintersportlern.

• 1890 Upper Manaia Rd. | Kaponga
Tel. 06-765 5457 | www.dawsonfalls.co.nz

WHANGANUI 31 ▮ J9

Die zentrale **Victoria Avenue** wird
bei Dunkelheit von schmiedeeiser-
nen Gaslaternen erleuchtet, als wolle die Kleinstadt nahe der Mündung
des Whanganui River selbst nachts
nicht mit ihren viktorianischen
Reizen geizen. Lange vor den Europäern fuhren die Maori hier, von
den Flussufern im Landesinnern
kommend, mit ihren Kanus zum
Fischen hinaus auf die offene See.
Touristen schippert heute der historische Raddampfer **»Waimarie«**
flussauf- und -abwärts (zweistün-

dige Touren Ende Okt.–Ende April tgl. 11 Uhr ab Waimarie Centre, 1a Taupo Quay, Tel. 06-347 1863, www.waimarie.co.nz, 45 NZ$). Dass Whanganui zu den ältesten Städten Neuseelands gehört, davon kann man sich im gut bestückten **Regional Museum** überzeugen (62 Ridgway St., Mo–Sa 10–16.30 Uhr, www.wrm.org.nz, Eintritt frei).

INFO

i-SITE Visitor Information Centre
• 31 Taupo Quay | Whanganui
  Tel. 0800-926 426
  www.visitwhanganui.nz

AUSFLUG NACH PIPIRIKI 32 📖 J8

Whanganui River Road heißt die schmale, kurvige und stellenweise unasphaltierte Straße, die im Norden der Stadt vom SH 4 abzweigt und flussaufwärts bis zum **Whanganui National Park** ⭐ (www.doc.govt.nz) am Westrand des Central Plateau vorstößt. Am Weg liegen Maori-Dörfer wie **Koriniti** oder **Jerusalem.** In Pipiriki starten Jetboats auf dem Whanganui River zu Trips durch die dschungelartige Wildnis des ansonsten schwer zugänglichen Nationalparks (Tel. 06-385 4622, www.bridgetonowhere.co.nz, 4 Std., 140 NZ$). › mehr S. 16 Punkt ➋ Auch Wanderwege beginnen hier. Der Ausflug nimmt einen ganzen Tag in Anspruch; da die Straße nach schweren Regenfällen oft unpassierbar ist, sollte man sich vorher in Whanganui erkundigen.

ROTORUA 33 🏆2 📖 K6

Über der Stadt und dem gleichnamigen See qualmt es, ein impertinenter Gestank wie von faulen Eiern erfüllt die Luft: Schwefeldämpfe strömen aus unzähligen Erdlöchern wie aus offenen Ventilen. Darunter brodelt es. Geothermik lässt kochende Quellen sprudeln, Geysire heiße Wasserfontänen ausspucken und Schlammlöcher blubbern. Die Region um Rotorua ist ein Zentrum vulkanischer Aktivitäten. Aber Rotorua ist auch Mittelpunkt der Maori-Kultur, Heimat des einst mächtigen Te Arawa-Stammes. Die Nachkommen verstehen es, ihr Maoritum touristisch gut zu vermarkten. In weitgehend traditioneller Dorfgemeinschaft leben sie noch in **Ohinemutu** Ⓐ am Seeufer nördlich der Innenstadt. Innen wie außen sehenswert ist hier die 1810 errichtete **St. Faith's Anglican Church.** Gegenüber der Kirche steht ein reich mit Schnitzereien geschmücktes **Maori-Versammlungshaus.**

Auf dem Gelände der gepflegten **Government Gardens** steht das 1907 im Tudorstil errichtete einstige Bath House, das heute als **Rotorua Museum of Art and History** Ⓑ fungiert. Es präsentiert u. a. Exponate zur Kulturgeschichte der Te-Arawa-Maori und einen Film über den todbringenden Ausbruch des Vulkans Tarawera im Jahre 1886. Es gibt auch ein nettes Café mit Blick auf den Park (wegen mangelnder Erdbebensicherheit zzt. geschl., www.rotoruamuseum.co.nz). Nur wenige Schritte entfernt kann man im **Po-**

lynesian Spa **C** in unterschiedlich temperierte Warmwasserpools eintauchen und diverse Beauty- und Wellnessanwendungen genießen (1000 Hinemoa St., tgl. 8–23 Uhr, www.polynesianspa.co.nz).

In der **Whakarewarewa Thermal Reserve** **D** südlich des Zentrums spucken Geysire an den befestigten Wegen um die Wette, heiße Teiche und Pfützen sind am Rand schwefelgelb verfärbt. Ein Zugang befindet sich am **Te Puia Maori Arts & Crafts Institute.** Hier werden junge Maori in den traditionellen Handwerkskünsten ihres Volkes wie Jade schleifen, Holzschnitzen und Weben unterwiesen. Besucher dürfen zusehen (Hemo Road, Sept.–April tgl. 9–18, sonst 8–17 Uhr, Tel. 0800-837 842, www.tepuia.com). Im Versammlungshaus auf dem *marae* finden im Rahmen von Führungen

authentische Maori-Konzerte mit Tanz und Gesang statt (Te Ra Experience, 56 NZ$). Das Angebot lässt sich mit einem abendlichen *hangi* › S. 54 verbinden (Te Po Experience, 128 NZ$). › mehr S. 13 Punkt **11**

NÄHERE UMGEBUNG

Etwa 20 Min. fährt man zum **Agrodome** **E** im Nordwesten der Stadt, wo eine professionell inszenierte Farm Show alles Wissenswerte über Neuseelands Schafe und Hirtenhunde vermittelt (141 Western Rd., Shows tgl. 9.30, 11 und 14.30 Uhr, www.agrodome.co.nz, 36,50 NZ$). Unterwegs liegt der Naturpark **Rainbow Springs** **F** mit Gehegen einheimischer Tiere direkt am SH 5. Ein Besuch lohnt schon der Kiwi-Aufzuchtstation wegen (192 Fairy Springs Rd., tgl. 8.30–17 Uhr, www. rainbowsprings.co.nz, 40 NZ$).

A Ohinemutu
B Rotorua Museum of Art and History
C Polynesian Spa
D Whakarewarewa Thermal Reserve
E Agrodome
F Rainbow Springs
G Buried Village
H Whakarewarewa Forest Park

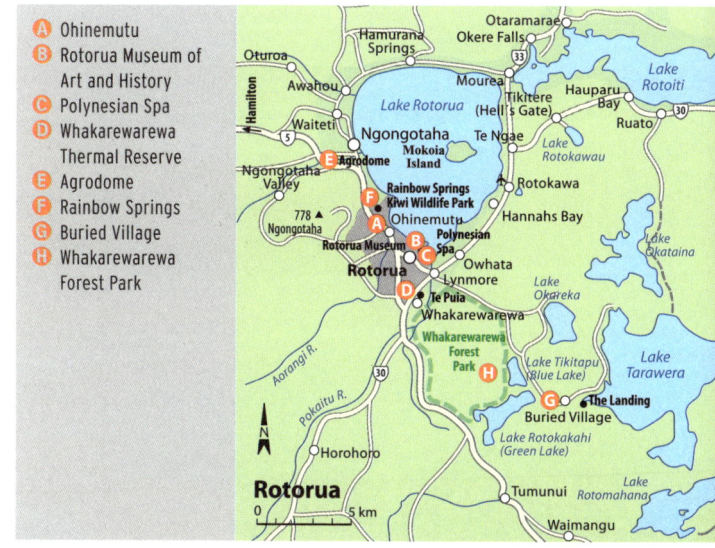

15 km südöstlich der Stadt liegt das **Buried Village**  mit kleinem Museum (1180 Tarawera Rd., tgl. 9–17 Uhr, www.buriedvillage.co.nz, 35 NZ$). › mehr S. 16 Punkt ❷❻ Auf der Fahrt dorthin passiert man den fast 4 ha großen **Whakarewarewa Forest Park** ⒣, den Wanderwege erschließen (Long Mile Road, mit Besucherzentrum, tgl. 8.30–17 Uhr, www.redwoods.co.nz).

INFO
i-SITE Visitor Information Centre
• 1167 Fenton St. | Rotorua
  Tel. 07-348 5179 | www.rotoruanz.com

HOTELS
Princes Gate Boutique Hotel €€–€€€
1897 erbautes Hotel im Zentrum mit viel Atmosphäre, Polynesian Spa und Government Gardens liegen direkt gegenüber.
• 1057 Arawa St. | Rotorua
  Tel. 0800-500 705
  www.princesgate.co.nz

Jack and Di's €€
Etwas außerhalb, aber direkt am See gelegen, mit großem Garten, Bootsverleih und Tourenschalter.
• 7 Arnold St. | Ngongotaha
  Tel. 0800-522 526
  www.jackanddis.co.nz

Rotorua Thermal Holiday Park €
Campingplatz mit preiswerten Cabins, fußläufig zu Whakarewarewa/Te Puia.
• 463 Old Taupo Rd. | Rotorua
  Tel. 07-346 3140
  www.rotoruathermal.co.nz

RESTAURANTS
Capers €€
Leckere Wraps, toller Kuchen und mehr für Breakfast, Lunch und frühes Dinner.
• 1181 Eruera St. | Rotorua
  Tel. 07-348 8818 | www.capers.co.nz

Stratosfare Restaurant €€
Reichhaltiges Lunch- und Dinner-Buffet mit Blick auf Stadt und See.

Der Champagne Pool in Wai-O-Tapu verdankt seine spektakuläre Färbung verschiedenen Mineralien und Metallen

- Bergstation Skyline Skyrides
  Rotorua | Tel. 07-347 0027
  www.skylines.co.nz

Wer abends ein Hangi › S. 54 erleben will, sollte die Veranstaltungen in den großen Hotels meiden. Empfehlenswert sind die vom **Tamaki Maori Village** arrangierten Essen (Tel. 050-882 6254, www.tamakimaori village.co.nz) sowie **Te Puia** › S. 87.

NIGHTLIFE
Pig & Whistle
Bodenständige Kost und süffige hausgebraute Biere.
- Haupapa/Tutanekai Streets
  Rotorua | Tel. 07-347 3025
  www.pigandwhistle.co.nz

THERMALGEBIETE IM SÜDEN ROTORUAS

Seit der Eruption des benachbarten Mount Tarawera im Jahr 1886 ist das lang gezogene **Waimangu Valley** 34 ⭐ 📗 K7 wie verzaubert. Heiße Quellen speisen den Hot Water Creek, und Temperaturen um 50 °C setzen den 5 ha großen See im Waimangu-Kessel ständig unter Dampf. Etwa 1 Std. dauert der Fußmarsch durch das Tal bis zum **Lake Rotomahana,** wo der Vulkanausbruch gewaltige Sinterterrassen vernichtet hat. Halbstündige Bootsfahrten über den See führen vorbei an dampfenden Klippen (Waimangu Rd., tgl. 8.30–17 Uhr, www.waimangu.co.nz, 40 NZ$, Bootstour 45 NZ$).

Nur wenige Kilometer weiter südlich wartet **Wai-O-Tapu** 35 📗 K7, das vielleicht bekannteste Thermalgebiet Neuseelands, mit einem extravaganten Naturschauspiel auf: In dezent aufsteigenden Bläschen lässt der in unterschiedlichen Farben schimmernde **Champagne Pool** die Hitze aus dem Erdinnern entweichen. Der **Lady Knox Geysir** nebenan ist kein Naturphänomen. Er wird, alles andere als umweltschonend, durch Beigabe von Waschpulver aktiviert. Natriumkarbonat hebt die Oberflächenspannung des unter hohem Druck stehenden Thermalwassers auf, das dann als 15 m hohe Fontäne in die Höhe schießt (201 Wai-O-Tapu Loop Rd., Nov.–März tgl. 8.30–18, sonst bis 17 Uhr, Geysir tgl. 10.15 Uhr, www.waiotapu.co.nz, 32,50 NZ$, keine Barzahlung).

CAMPING
Waikite Valley Thermal Pools Camp
Kleiner, ruhiger Campingplatz mit Thermalbad nebenan.
- Beschilderter Abzweig vom SH 5 bei
  Wai-O-Tapu | Tel. 07-333 1861
  www.hotpools.co.nz

AUSFLUG ZUM MOUNT TARAWERA

Der Mount Tarawera ist der heilige Berg der Ngati-Rangitihi-Maori. Tagestrips im Allradfahrzeug führen von Rotorua hinauf zum Krater des über 1100 m hohen Vulkans, der eine Ausdehnung von 6 km hat. Es gibt auch kombinierte Touren mit Allradfahrzeug und Helikopter oder Wasserflugzeug. Zeitsparender sind halbstündige Rundflüge (Volcanic Air Safaris, ab Lakefront, Tel. 0800-800 848, www.volcanicair. co.nz, 265–600 NZ$).

TAUPO 36 ⭐ 📖 K7 UND UMGEBUNG

Zwar zählt die Kleinstadt am gleichnamigen See nur ca. 25 000 Einwohner, doch die inzwischen sehr beliebte Sommerfrische kann sich alljährlich zur Ferienzeit vor Menschen kaum retten. Dann sind die Unterkünfte ausgebucht, von einem Zimmer mit Seeblick kann man nur träumen. Hauptattraktion ist der **Lake Taupo**, mit 620 km² der größte See Neuseelands, entstanden vor einigen tausend Jahren bei einem gewaltigen Vulkanausbruch. Am Norderufer fließt der Waikato River ab. Unter Anglern genießt Neuseelands längster Fluss einen legendären Ruf, denn delikate Regenbogenforellen schwimmen hier zahlreich. Wo der Waikato River 13 km nördlich von Taupo einen Stausee füllt, um ein Wasserkraftwerk zu speisen, ergießen sich immer bei Schleusenöffnung aufbrausende Stromschnellen (mehrmals tgl.), bestens zu beobachten von den Aussichtsplattformen oberhalb der **Aratiatia Rapids** (nördlich von Taupo, kurzer Abzweig vom SH 5).

Auch in und um Taupo ist die hitzige Thermik aus dem Erdinnern spürbar. Am nördlichen Stadtrand steigt gleich neben dem SH 5 dichter weißer Dampf über einem Gewirr von langen Rohren und hohen Schloten auf. Hier nutzt das **Wairakei-Thermalkraftwerk** heiße Quellen zur Stromerzeugung und hier befindet sich auch der Eingang zu den **Wairakei Terraces**, einem Maori-Kulturzentrum mit Thermalpools und künstlich angelegten Sinterterrassen (tgl. 8.30–21, Do 8.30 bis 19 Uhr, www.wairakeiterraces.co.nz, 15 NZ$, Pool 25 NZ$).

Auf dem Huka Falls Tourist Loop durch den **Wairakei Tourist Park** kommt sicher keine Langeweile auf: Man kann z. B. die **Prawn Farm** besichtigen und sich die Süßwassergarnelen anschließend auf der hübschen Terrasse schmecken lassen, nebenan zu einer Jet-Boat-Tour über den Waikato River aufbrechen und später vom Ufer aus die über lange Felsstufen herabstürzenden **Huka Falls** bewundern.

INFO

i-SITE Visitor Information Centre
• 30 Tongariro St. | Taupo
  Tel. 07-376 0027 | www.lovetaupo.com

HOTELS

Hilton Lake Taupo €€€
Etwas außerhalb neben den DeBretts Hot Springs gelegen, sehr gutes Restaurant.
• 80–100 Napier Rd. (SH 5) | Taupo
  Tel. 07-378 7080 | www3.hilton.com

Clearwater Motor Lodge €€
Direkt am See, alle Zimmer mit Whirlpool und Thermalwasser.
• 229 Lake Terrace | Taupo
  Tel. 0800-639 639
  www.clearwatermotorlodge.co.nz

De Bretts Spa Resort €–€€
Attraktive Campinganlage neben dem Hilton Lake Taupo, Teil der Hot Springs.
• 76 Napier Rd. (SH 5) | Taupo
  Tel. 07-378 8559
  www.taupodebretts.co.nz

Bootsausflüge auf dem Lake Tapo führen auch zu monumentalen Felsreliefs der Maori

RESTAURANTS

Plateau €€–€€€
Moderne neuseeländische Küche.
• 64 Tuwharetoa St. | Taupo
  Tel. 07-377 2425 | www.plateautaupo.co.nz

Replete Cafe €
Beliebter Treffpunkt der Locals zum Frühstück und Mittagessen.
• 45 Heuheu St. | Taupo
  Tel. 07-377 3011 | www.replete.co.nz

AKTIVITÄTEN

Ein Erlebnis ist eine Bootstour auf dem Lake Taupo mit der Segeljacht »Barbary«. Der Skipper verfügt über einen unerschöpflichen Anekdotenschatz und weiß auch Interessantes über die Maori Carvings zu berichten, die junge Steinmetze aus der Gegend in das felsige Ufer gemeißelt haben (ab Taupo-Hafen, Okt.–Mai tgl.

10.30, 14, im Sommer auch 17 und 19.30 Uhr, Tel. 07-378 5879, www.sailbarbary.com, 2,5 Std., 49 NZ$, abends 54 NZ$).

TONGARIRO NATIONAL PARK 37 ⭐3 ▮ J/K8

Touristischer Mittelpunkt des zum UNESCO-Welterbe zählenden Nationalparks ist neben dem namengebenden Mount Tongariro und dem Mount Ngauruhoe der 2796 m hohe aktive Vulkan **Mount Ruapehu.** Zuletzt machte er 2007 von sich reden, als der Rand des Kratersees nach tagelangen Regenfällen barst und eine gewaltige Flutwelle zu Tal stürzte. Ausgangspunkt für Wanderungen durch die bizarre Lavalandschaft mit ihren smaragdgrünen

Seen ist **Whakapapa,** wo sich auch das Besucherzentrum der Parkverwaltung befindet. Die Bergstraße endet 8 km weiter oben am Sessellift, der sommers wie winters auf ca. 2000 m Höhe befördert, Ausgangspunkt für steile Bergwanderungen zum Kraterrand (ca. 5 Std.).

INFO

DOC Visitor Centre
Infos zu Wanderungen im Nationalpark, audivisuelle Show zu den Vulkanen.
• Whakapapa | Tel. 07-892 3729
  www.doc.govt.nz/tongarirovisitorcentre

HOTELS

Chateau Tongariro €€€
Majestätischer Bau von 1929 mit plüschigem Interieur in Traumlage. Mehrere Restaurants, Kino, Sauna, Hot Pool, Tennis- und Golfplatz.
• Whakapapa | Tel. 0800-242 832
  www.chateau.co.nz

Skotel €–€€
Behagliche Bleibe für Wanderer und Wintersportler.
• Whakapapa | Tel. 07-892 3719
  www.skotel.co.nz

Whakapapa Holiday Park €
Campingplatz mit Backpacker-Lodge und Cabins in Hochlage.
• SH 48 (gegenüber DOC Visitor Centre)
  Whakapapa | Tel. 07-892 3897
  www.whakapapa.net.nz

AKTIVITÄTEN

Tongariro Crossing: eine der schönsten Tageswanderungen Neuseelands, die ca. 7 Std. dauert. Auf 17 km führt sie über harsche Vulkanhänge und watteweiche Aschefelder, vorbei an malerischen Kraterseen, aber auch durch tief hängende Wolken, wenn es das Wetter mal wieder so will. Bustransfer zum Startpunkt (Tel. 0800-117 686, www.tongarirocrossing.com, 35 NZ$). Leider häufig zu stark besucht.

Die Tageswanderung Tongariro Crossing führt an Lavafeldern und smaragdgrünen Kraterseen vorbei

BAY OF PLENTY

Die sanft geschwungene »Bucht der Fülle« lockt mit viel Sonnenschein und fantastischen Stränden. Von den äußerst fruchtbaren Böden im Hinterland profitieren zahlreiche Kiwi-Plantagen.

TAURANGA 38 ◼ K6

Die Hafenstadt mitten in der Bucht ist sowohl aufstrebendes Wirtschaftszentrum als auch lebenslustiges Seebad. Freundliche Cafés und Restaurants säumen die Promenade **The Strand,** nur wenige Schritte von der verkehrsberuhigten City entfernt. In der Umgebung bieten der **McLaren Falls Park** und der **Kaimai Mamaku Forest Park** Wandermöglichkeiten auf gut markierten Wegen.

Pures Strandvergnügen bietet der Stadtteil **Mount Maunganui** auf der gegenüberliegenden Halbinsel: weicher Sand, Badespaß und Wassersport auf über 15 km Länge. Neuseelands erstes künstliches Riff verschafft der hiesigen Surfergemeinde höhere Wellen.

INFO

i-SITE Visitor Information Centre
• 95 Willow St. | Tauranga
  Tel. 07-578 8103 | www.bayofplentynz.com

CAMPING

Mount Maunganui Beachside Holiday Park
Sauberer Campingplatz mit Cabins, direkt am Strand gelegen.
• 1 Adams Ave. | Mount Maunganui
  Tauranga | Tel. 07-575 4471
  www.mountbeachside.co.nz

RESTAURANT

Bobby's Fresh Fish Market €
Wo der frische Fang angelandet wird, dampft es aus der rustikalen Fischbraterei.
• 1 Dive Crescent | Tauranga

TE PUKE 39 ◼ K6

Die ländliche Ansiedlung nennt sich stolz »Welt-Kiwi-Hauptstadt«, denn riesige Mengen der Vitamin-C-reichen Frucht werden hier im April und Mai geerntet. Im 12 km entfernten **Paengaroa** kann man die Plantage **Kiwifruit Country** besuchen und dort auch Kiwi-Produkte kaufen (Longridge Park, 316 SH 33, bei Paengaroa ausgeschildert, www.kiwifruitcountry.com, tgl. 9–17, Winter Mo–Fr 11–15 Uhr, 20 NZ$).

WHAKATANE 40 ◼ L6

Dass hier hin und wieder Erdstöße die Gebäude wackeln lassen, scheint den beschaulichen Küstenort nicht weiter aus der Ruhe zu bringen. Betrieb herrscht nur zu Ferienzeiten, wenn Urlauber in Scharen an die umliegenden Sandstrände drängen, vor allem an den über Weihnachten von rot blühenden Pohutukawas gerahmten **Ohope Beach.** Schwimmen mit Delfinen zählt hier zu den beliebtesten Unternehmungen; ca. 3 Std. dauert die Bootstour, bei der man mit etwas Glück auch Wale beobachten kann (Whale Island Tours, Tel. 07-308 2001, www.whaleislandtours.com, 120 NZ$). Eine sehr gute Einführung in die Maori-Kultur vermittelt das **Mataatua Wharenui** (105 Muriwai Dr., Tel 07-308 4271, www.mataatua.com, Führungen 10, 12 und 14 Uhr, 49 NZ$).

👍

NATURERLEBNISSE

- Erstaunlich stadtnah und gut zu beobachten brüten die eigentlich scheuen Tölpel *(gannets)* in ihrer Kolonie am **Muriwai Beach** bei Auckland › S. 73.
- Taucher kommen in der artenreichen Unterwasserwelt um die **Poor Knights Islands** vor Whangarei mit ihren Seetangwäldern und Unterwasserhöhlen voll auf ihre Kosten › S. 74.
- Wer Neuseelands aktivsten Vulkan auf **White Island** besucht, spürt die Urgewalt aus dem Erdinnern unter den Füßen › S. 95.
- **Kaikoura** zieht Wale und Touristen gleichermaßen an. Alle treffen sich beim Whale Watching vor der Küste, wo die gewaltigen Meeressäugetiere regelmäßig auftauchen › S. 118.
- Im **Westland National Park** stoßen mächtige Gletscherzungen vor bis in grünenden Regenwald. Die Eismassen bewegen sich rasch, ca. 0,5 m pro Tag › S. 126.
- Als schönster aller neuseeländischen Fjorde entführt der **Milford Sound** in den entlegenen Südwesten der Südinsel, am aussichtsreichsten mit dem Flugzeug ab Queenstown › S. 131, 136.
- Kolonien von Robben, Pinguinen und seltenen Königsalbatrossen: Auf der **Otago Peninsula** bei Dunedin sind die Lebensräume einiger Wildtierarten besonders leicht erreichbar › S. 139.

INFO

i-SITE Visitor Information Centre
- Quay Street/Kakahoroa Drive
  Whakatane | Tel. 0800-942 528
  www.whakatane.com

HOTELS

Surfs Reach Motel €€
Moderne Apartments mit Küche am Strand gegenüber.
- 52 West End | Ohope Beach
  Whakatane | Tel. 07-312 4159
  www.surfsreachmotels.co.nz

Ohope Beach Top 10 Holiday Park
Campingplatz mit direktem Zugang zum Strand.
- 367 Harbour Rd. | Whakatane
  Tel. 07-312 4460 | www.ohopebeach.co.nz

Unter der Webadresse www.whakatane.govt.nz/overnight-parking findet man eine Liste kostenloser Stellplätze für Wohnmobile *(motorhome friendly sites)*.

RESTAURANTS

Gibbo's on the Wharf €€
Fish 'n Chips und frischer Fisch an kleiner Promenade mit Blick auf den Pazifik.
- 2 The Strand | Whakatane
  Tel. 07-307 1100

Ohiwa Oyster Farm €
Der angeschlossene Imbiss serviert neben Pazifikaustern auch Räucherfisch.
- 11 Wainui Rd. | Ohope
  Tel. 07-312 4565

White Island Cafe €
Originelle Kleinigkeiten, guter Kaffee! Am White-Island-Buchungsbüro › S. 95.
- 15 The Strand East | Whakatane
  Tel. 07-308 9588

AUSFLUG NACH WHITE ISLAND

Die 50 km von der Küste entfernte Vulkaninsel schlummert nur. 1966 gab es den letzten Ausbruch, bei dem nur Asche herausgeschleudert wurde. Rundflüge gewähren Einblicke in den dampfenden Krater (tgl. ab Whakatane Airport, Tel. 0800-804 354, www.whiteislandvolcano.co.nz, 695 NZ$). Von Whakatane starten auch Bootstrips nach White Island, zu denen normalerweise eine Wanderung durch die karge Mondlandschaft gehört (Tel. 0800-733 529, www.whiteisland.co.nz, 5 Std., 229 NZ$).

EASTLAND

Im waldreichen, im Landesinnern unwegsamen Osten der Nordinsel leben überwiegend Maori, viele in ihren traditionellen Sippenverbänden. Fast alle Siedlungen liegen in Küstennähe, verbunden durch den kurvenreichen Hwy. 35 (Pacific Coast Highway). Schöne Strände gibt es im Eastland mehr als genug – selbst in der Hauptsaison wird man die eine oder andere kleine feinsandige Bucht ganz für sich haben.

ENTLANG DER OSTKÜSTE

Von **Opotiki** `41` ◼ L6, dem Tor zum East Cape, schlängelt sich die Küstenstraße vorbei an reizvollen kleinen Buchten wie Omaio, Te Kaha, Waihau und Hick's Bay. Im verträumten Küstenort **Te Araroa** `42` ◼ M6 zweigt eine Stichstraße zum östlichsten Punkt Neuseelands ab: Am **East Cape** `43` ◼ M6 erhebt sich

markant das East Cape Lighthouse. Über 600 Stufen machen den Aufstieg zum Leuchtturm beschwerlich, frühmorgens wird man aber mit einem atemberaubenden Sonnenaufgang entschädigt. › mehr S. 18 Punkt `38` **Ruatoria** `44` ◼ M6 heißt die größte Ortschaft in dem dünn besiedelten Landstrich; die ansässigen Maori vom Stamm der Ngati Porou haben hier ihr Zentrum. **Te Puia Springs** `45` ◼ M6 ist für seine heilkräftigen Thermalquellen bekannt. **Anaura Bay** und **Tolaga Bay** weiter südlich bieten herrliche Strände, ebenso **Whangara** und **Wainui.**

HOTELS

Hick's Bay Motel Lodge €€
30 Fahrminuten vom East Cape, mit Restaurant und Pool.
• 5198 Te Araroa Rd. | Hick's Bay
  Tel. 06-864 4880
  www.hicksbaymotel.co.nz

Te Araroa Holiday Park €
Geschützt liegender Zeltplatz nahe am Strand, auch Cabins und Zimmer.
• SH 35 | Te Araroa | Tel. 06-864 4873
  www.teararoaholidaypark.nz

Te Puia Springs Hotel €
Motel mit Restaurant und eigenem Thermalpool.
• SH 35 | Te Puia Springs
  Tel. 06-864 6755 | www.nzhotpools.co.nz

Tolaga Bay Inn €
B & B in einem 130 Jahre alten Pub mit viel Charakter.
• 12 Cook St. | Tolaga Bay
  Tel. 06-862 6856
  www.tolagabayinn.co.nz

GISBORNE `46` M7

Wo sich heute Neuseelands östlichste Stadt erstreckt, betrat James Cook am 9. Oktober 1769 neuseeländischen Boden. Ein Monument markiert die historische Stelle am **Kaiti Beach,** neben der Mündung des Turanganui. Vom **Kaiti Hill** bietet sich ein herrlicher Rundblick über Stadt, Hafen und die Poverty Bay mit dem Felsvorsprung Young Nick's Head. Am Fuß des Hügels steht das **Te Poho-o-Rawiri Marae,** eines der größten Neuseelands, verziert mit kunstvollen Holzschnitzereien (Besuchserlaubnis bei der Visitor Information).

INFO

i-SITE Visitor Information Centre
• 209 Grey St. | Gisborne
  Tel. 06-868 6139
  www.tairawhitigisborne.co.nz

HOTEL

Whispering Sands €€
Stadt- und strandnahe Unterkunft, die Zimmer bieten Kochgelegenheit.
• 22 Salisbury Rd. | Gisborne
  Tel. 0800-405 030
  www.whisperingsands.co.nz

RESTAURANTS

Marina €€–€€€
Blick auf Fluss und Stadt, moderne Neuseeland-Küche.
• 1 Vogel St. | Marina Park | Gisborne
  Tel. 06-868 5919
  www.marinarestaurant.co.nz

The Wharf Bar & Grill €€
Erstklassige Fischgerichte in einer historischen Lagerhalle.

• 60 The Esplanade
  Gisborne | Tel. 06-281 0035
  www.wharfbar.co.nz

TE UREWERA NATIONAL PARK `47` L7

Wairoa ist das Tor zum 30 km entfernten Nationalpark. Dichter, urwüchsiger Wald, der von Flüssen und kleineren Seen durchsetzt ist, bedeckt den Park um den ausgedehnten **Lake Waikaremoana.** Kurvenreich führt der Hwy. 38 durch das grüne Dickicht; der reizvollste Abschnitt liegt ganz nah am Seeufer. Um den ganzen See herum führt der **Lake Waikaremoana Track,** einer von Neuseelands Great Walks › Seitenblick S. 137. Bei Kajaktouren kann man das schier endlose Ufer abfahren.

INFO

DOC Te Urewera Visitor Centre
• SH 38 | Aniwaniwa
  Tel. 06-837 3803
  www.doc.govt.nz

HOTEL

Lake Waikaremoana Motor Camp €
Schöner Platz nahe dem Visitor Information Centre, mit Cabins und Apartments.
• SH 38 | Waikaremoana
  Tel. 06-837 3826
  www.waikaremoana.info

HAWKE'S BAY

Im fruchtbaren Hinterland der Bucht wird viel Wein angebaut, rund um Havelock North erstreckt sich das wichtigste Anbaugebiet Neuseelands.

NAPIER 48 ⭐4 📖 L8

Die bedeutendste Stadt in der Hawke Bay hat das gewisse Etwas. Nicht nur das Klima mutet mediterran an, auch die Atmosphäre um die **Marine Parade** erinnert an Urlaubstage an der Riviera. 1931 machte ein Erdbeben die Stadt fast dem Erdboden gleich. Kaum hatten sich die Bewohner vom Schock erholt, begann in Windeseile der Wiederaufbau – überwiegend im Art-déco-Stil. Heute gilt Napier als »Art Deco Capital of the World« – davon kann man sich auf dem geführten Spaziergang überzeugen, der fast alle exemplarischen Bauwerke passiert (Start: Art Deco Trust, 7 Tennyson St., www.artdeconapier.com, tgl. 10, 11, 14, 16.30 Uhr, 24 NZ$, auch Broschüren für Touren auf eigene Faust). Mehr über das Erdbeben erfährt man bei der Audiovisionsshow im **MTG Hawkes Bay** (1 Tennyson St., tgl. 9.30–17 Uhr, www.mtghawkesbay.com, Eintritt frei).

Im **National Aquarium** tummeln sich Meerestiere aus der Bucht (546 Marine Parade, tgl. 9–17 Uhr, www.nationalaquarium.co.nz, 22 NZ$), und etwas weiter vergnügen sich Locals und Touristen gleichermaßen im **Ocean Spa,** einem hübschen Schwimmbad am Strand gegenüber dem modernen Hotel Te Pania (42 Marine Parade, Mo–Sa 6–22, So 8–22 Uhr, www.oceanspanapier.co.nz, 10,70 NZ$).

INFO

i-SITE Visitor Information Centre
Lageplan zum Art-déco-Spaziergang.
• 100 Marine Parade | Napier
  Tel. 0800-847 488 | www.napiernz.com

Schmucke Art-déco-Bauten in Pastelltönen säumen Napiers Meerespromenade

HOTELS

Harbour View Motor Lodge €€
Etwas außerhalb des Stadtzentrums am Meer gelegen.
- 60 Nelson Quay | Ahuriri | Napier
  Tel. 0800-668 432 | www.harbourview.co.nz

Kennedy Park Top 10 Resort €
Gepflegter Campingplatz mit Cabins.
- 11 Storkey St. | Napier
  Tel. 06-843 9126 | www.kennedypark.co.nz

RESTAURANTS

Gintrap €€–€€€
Am Wasser, internationale Küche mit viel Seafood, über 70 verschiedene Gins.
- 64 West Quay | Ahuriri | Napier
  Tel. 06-835 0199 | www.gintrap.co.nz

Hawkes Bay Seafoods €
Das Fischgeschäft verkauft auch Kokonda, rohen Fisch in Zitrone und Kokosmilch.
- West Quay | Pandora | Napier
  Tel. 06-835 5533

Ujazi €
Café und Restaurant, ausstaffiert mit Kunst aus der Region.
- 28 Tennyson St. | Napier
  Tel. 06-835 1490

Elephant Hill €€€
Schickes, mehrfach prämiertes Restaurant des gleichnamigen Weinguts mit extravaganter Architektur.
- 86 Clifton Rd. | Te Awanga
  Tel. 06-872 6060 | www.elephanthill.co.nz

NIGHTLIFE

Im **Cabana** (11 Shakespeare Rd., www.cabana.net.nz) wird häufig Livemusik verschiedener Stilrichtungen geboten. Ein populärer Abendtreff sind auch die Lokale im alten Hafenviertel von Ahuriri, u. a. das **Shed 2** (58 West Quay, www.shed2.co.nz).

HAVELOCK NORTH `50` ▮ L8

Rund um die ländliche Siedlung werden mit die besten Weine Neuseelands produziert: für passionierte Weintrinker ein kleiner Garten Eden. Ein Wegweiser zu den Kellereien – viele offerieren Weinproben und verkaufen ab Haus – ist im Visitor Centre in Napier erhältlich. Dort sollte man auch eine geführte **Wine Tour** buchen, wenn man verkosten und deshalb nicht Auto fahren will. Mit einem wunderbaren 360°-Panorama der grünen Hügellandschaft am blauen Pazifik be-

---

💬 CAPE KIDNAPPERS `49` ▮ L8

James Cook taufte das Kap so, nachdem Maori hier vor der Steilküste versucht hatten, einen seiner Seeleute zu kidnappen. **Gannet Beach** wird der Küstenvorsprung auch genannt nach der großen Tölpelkolonie, die oberhalb des Strandes mit ihren zahllosen Nistplätzen die Felsen bedeckt (zugänglich Nov.–Juni). Von Clifton aus geht man zu Fuß dorthin (4 Std. hin und zurück, auf Tide-Zeiten achten) oder man schließt sich einer geführten Tour an, nimmt z. B. Platz auf dem Anhänger eines Traktors (zu buchen über Gannet Beach Adventures, ab Clifton, südöstlich von Napier, Abfahrtszeiten abhängig von der Tide, Tel. 06-875 0898, www.gannets.com, 48 NZ$).

lohnt der Aufstieg zum 400 m hohen **Te Mata Peak** – man gelangt
auch mit dem Auto hinauf.

WEINGÜTER

Black Barn Vineyards €€
Das Restaurant des Weingutes überzeugt
mit Liebe zum Detail, dazu schöner Blick
über Rebenfelder.
• Black Barn Road | Havelock North
  Tel. 06-877 7985 | www.blackbarn.com

Te Mata Estate Winery €€
Eines der ältesten Weingüter Neuseelands
und entsprechend selbstbewusst, wenn es
um die eigenen Tropfen geht.
• 349 Te Mata Rd. | Havelock North
  Tel. 06-877 4399 | www.temata.co.nz

Terrôir/Craggy Range Winery €€€
Traumhafte Lage, Spitzenweine und eine
mehrfach prämierte Küche.
• 253 Waimarama Rd. | Havelock North
  Tel. 06-873 0143
  www.craggyrange.com

WELLINGTON 51 5 ⚑ H10

Wenn nicht gerade die berüchtigten
»Roaring Forties« zwischen den
Hügeln und Häuserzeilen der Südwestspitze der Nordinsel stürmen,
lässt die Stadt um die ausgedehnte
Hafenbucht ungehemmt ihren
Charme spielen. Dann sitzen schon
mittags fröhliche, modisch gekleidete Menschen in den Cafés und
Restaurants am Wasser und beobachten die Segelboote. Ist es gar
Freitag, hält es am Nachmittag keinen mehr in den Innenstadt-Büros:
»It's weekend.« Und das stimuliert
die Lebenslust der Wellingtonians

ungemein. Was spricht mehr für
deren Genussfreudigkeit, als dass
420 000 Einwohner über 300 Restaurants zur Auswahl haben?

INNENSTADT

Die City kann man gut zu Fuß erkunden. Auf dem **Lambton Quay,**
der Haupteinkaufsstraße, startet die
Cable Car Ⓐ. 122 m hinauf zum
Aussichtspunkt oberhalb des Kelburn Parks fährt die leuchtend rote,
elektrisch betriebene Bahn im Gegenzugverfahren. 1902 wurden die
ersten Wagen eingesetzt, um die
hoch am Hang gelegenen Wohngebiete besser erreichen zu können.
Seit 1979 ersetzen moderne, in der
Schweiz gebaute Wagen die historischen Originale (280 Lambton
Quay, Mo–Fr 7–22, Sa 8.30–22, So
8.30–21 Uhr, www.wellingtoncable
car.co.nz, 5 NZ$, 9 NZ$ h/z).

Neben der Bergstation liegt der
Eingang zum **Botanic Garden** Ⓑ,
dessen ganzer Stolz die Lady Norwood Rose Gardens sind, zwischen
November und April in voller Blüte.
Über den angrenzenden **Early
Settlers Memorial Park** Ⓒ mit
Gräbern der ersten Bürger der Stadt
gelangt man auf die Bowen Street
und in das **Regierungsviertel** Ⓓ.
Blickfang ist der Beehive (»Bienenkorb«), ein Rundbau aus den
1970er-Jahren. Daneben stehen zwei
neogotische Steingebäude: die 1897
errichtete General Assembly Library, die Bibliothek, und der alte
Parlamentsbau von 1912, die Legislative Chamber (Molesworth Street,
einstündige Führungen jeweils zur
vollen Stunde tgl. 10–16 Uhr, Tel.

04-817 9503, www.parliament.nz, Visitor Centre Mo–Fr 9–17, Sa, So 9.30–17 Uhr).

Gegenüber kann man den zweit-größten Holzbau der Welt bewun-dern, die **Old Government Buil-dings** **E**, 1876 im Renaissancestil und als verblüffende Imitation eines steinernen Gebäudes errichtet. Heute ist in den Räumlichkeiten ein Teil der Universität untergebracht.

Zur umfangreichen **National Li-brary** **F** gehört die Alexander Turnbull Library mit Büchern, Schriften, Karten und Fotos aus den Kolonialtagen (Molesworth/Aitken Streets, Mo–Fr 9–17, Sa 9–13 Uhr, www.natlib.govt.nz). Nicht weit entfernt bewahren die **Archives New Zealand** **G** zahlreiche histori-sche Dokumente. Prunkstück der Sammlung ist das Original des Ver-trages von Waitangi ▶ S. 47 (10 Mul-grave St., Mo–Fr 9–17 Uhr, www.archives.govt.nz).

Ganz in der Nähe steht die 1866 aus Holz gezimmerte Kirche **Old St. Paul's** **H**. Das Gotteshaus, das schöne Buntglasfenster besitzt, wird wegen seiner fabelhaften Akustik gerne für Konzerte genutzt (34 Mul-grave St., tgl. 9.30–17 Uhr).

Nordöstlich grenzt an die Innen-stadt das historische Viertel Thorn-don. In der Tinakori Road (Nr. 25) steht **Katherine Mansfield's House and Garden** **I**, das Geburtshaus der berühmten neuseeländischen Schriftstellerin. Fotos, Manuskrip-te und andere Memorabilien do-kumentieren ihr Leben und Werk (Di–So 10–16 Uhr, www.katherine mansfield.com, 8 NZ$).

WATERFRONT

Immer attraktiver gestaltet sich die Hafengegend. An der Queens Wharf findet man im **Wellington Muse-um** **J** Modelle und Fundstücke von vor der Küste gesunkenen Schiffen sowie Fotos vom Untergang der Cook-Strait-Fähre »Wahine« (tgl. 10–17, im Sommer bis 18 Uhr, www.museumswellington.org.nz, Eintritt frei). Die Erweiterung von Queens Wharf und Customhouse Quay hat guten Restaurants einen Platz am Wasser geschaffen (u. a. Portofino und Wagamama). Exzel-lenten Kaffee gibt es bei Mojo Cof-fee (37 Customhouse Quay) im schicken Meridian Building.

Die avantgardistische **City to Sea Bridge** verbindet die Water-front mit dem **Civic Centre** **K**, wo man in einem der Cafés Espresso trinken oder in der City Gallery Kunstausstellungen besuchen kann. Zum Komplex gehören auch das **Visitor Centre,** das **Michael Fowler Centre** (Stadthalle und Kon-gresszentrum) und die architekto-nisch gewagte **Wellington Central Library,** an deren Palmen aus Beton und Metall sich nach wie vor die Geister scheiden.

Das auch architektonisch sehr eindrucksvolle Nationalmuseum **Te Papa Tongarewa** **L** steht für sich allein. Soll es doch ganz Neuseeland widerspiegeln: von der Maori-Kul-tur über Fauna und Flora bis zum virtuellen Bungy Jump – ein Muse-um mit hohem Erlebniswert. Auch der gut sortierte Museum Shop lohnt den Besuch (55 Cable St., zw. Jervois Quay und Oriental Parade, tgl. 10–18 Uhr, www.tepapa.govt. nz, Eintritt frei, außer bei manchen Sonderausstellungen). Eine schöne Badebucht ist nur ein paar Schritte entfernt: die Oriental Bay.

INFO

i-SITE Visitor Information Centre

Hier sind auch die Broschüren »Old Shoreline«, »Heritage Trail Thorndon« und »A Guide to Katherine Mansfield's Wellington« erhältlich, die zu historischen Gebäuden führen bzw. der Spur der bekannten Schriftstellerin folgen.

- 111 Wakefield/Ecke Victoria St. Wellington | Tel. 04-802 4860 www.wellingtonnz.com

VERKEHRSMITTEL

- **Flughafen:** Der Flughafen Wellington (www.wellington-airport.com) ist vor allem für den nationalen Flugverkehr bedeutend, internationale Verbindungen bestehen lediglich nach Australien und in die Südsee.
- **Bus:** Ein Hop-on-hop-off-Minibus startet nahe der i-SITE und fährt 18 Sightseeing-Punkte ab (Rundtour ca. 90 Min., tgl. 9.30 bis 14.30 Uhr letzte Abfahrt, www. hoponhopoff.co.nz, 45 NZ$). Zentrale Busstation am Thorndon Quay unweit des Bahnhofs, gute Verbindungen in die Vororte und ins Umland (www.metlink. org.nz). Organisierte Bustouren zu Sehenswürdigkeiten außerhalb des Stadtzentrums, z.B. zu »Herr-der-Ringe«-Drehorten (www.adventuresafari.co.nz).
- **Fähre:** Die Fähren über die Cook Strait zur Südinsel legen vom Waterloo Quay nahe dem Bahnhof (www.bluebridge. co.nz) und vom Interislander Terminal Aotea Quay nordöstlich des Zentrums ab (www.greatjourneysofnz.co.nz).

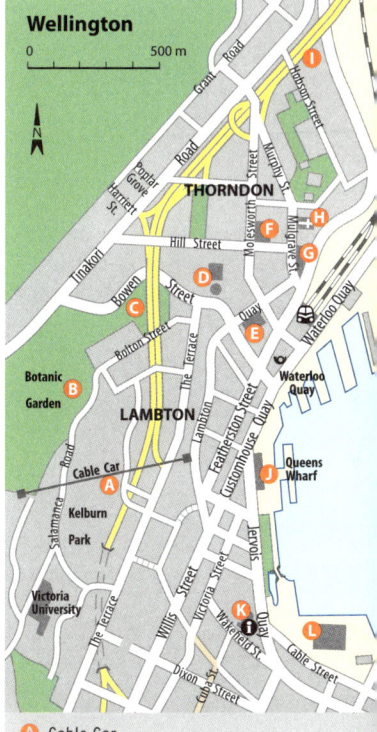

Wellington

- **A** Cable Car
- **B** Botanic Garden
- **C** Early Settlers Memorial Park
- **D** Regierungsviertel
- **E** Old Government Buildings
- **F** National Library
- **G** Archives New Zealand
- **H** Old St. Paul's
- **I** Katherine Mansfield's House and Garden
- **J** Wellington Museum
- **K** Civic Centre
- **L** Te Papa Tongarewa

GRATIS ENTDECKEN

- Für den Aufstieg zur Kuppe des erloschenen Vulkankegels **Mount Eden** (15 Min. zu Fuß ab Parkplatz Puhi Huia Rd.) belohnt ein tolles 360-Grad-Panorama bis weit über den Hauraki Gulf. › S. 69, 72.
- Genießen Sie ein wohltuendes Thermalbad, indem Sie am **Hot Water Beach** auf der Coromandel Peninsula bei Ebbe eine Grube in den Sand buddeln und diese von heißen Quellen im Untergrund füllen lassen › S. 81.
- Eine wunderschöne Wanderung bringt Sie bei Ebbe zu einer der Hauptattraktionen in der Hawke's Bay, der großen **Tölpelkolonie am Cape Kidnappers**. Ab Clifton, Scotmans Point, 5 Std. h/z (Gezeiten beachten!) › S. 98.
- In Wellington macht das National-museum **Te Papa Tongarewa** mit Neuseeland im Großen und Kleinen vertraut – zahlen müssen Sie nur für den Audioguide, falls gewünscht › S. 100.
- Kunstinteressierte lernen in der **Christchurch Art Gallery** zeitgenössische Werke auch aus Neuseeland kennen. Nur für Sonderausstellungen fordert der kleine, aber feine Musentempel Eintritt. › S. 114.
- Eine maximale Steigung von 35 % macht die 350 m lange **Baldwin Street in Dunedin** zur steilsten Straße der Welt. Den Superlativ zu Fuß zu erklimmen kostet nichts – außer Kraft › S. 139.

HOTELS

Bay Plaza Hotel €€

Eher einfache Zimmer, aber ein unschlagbarer Blick auf die nahe gelegene Stadt und den Hafen.

- 40 Oriental Pde. | Oriental Bay
  Tel. 0800-857 799 | www.bayplaza.co.nz

Booklovers B & B €€

Sehr gemütlich – vor allem, wenn es draußen windet und regnet: Bücher gehören zur Zimmer-Grundausstattung. Aufmerksame Gastgeber.

- 123 Pirie St. | Mount Victoria
  Wellington | Tel. 04-384 2714
  www.booklovers.co.nz

Wellington Top 10 Holiday Park €

Eine Viertelstunde Fahrt von der City entfernt, auch Cabins und Motel-Units.

- 95 Hutt Park Rd. | Lower Hutt
  Wellington | Tel. 0800-948 686
  www.wellingtontop10.co.nz

Stellplätze für Self-contained-Wohnmobile findet man an der Evans Bay (Ecke Evans Bay Parade/Cobham Dr.) auf dem Marina Car Park oder auf dem Car Park Barnett/Cable Sts. nahe dem Te Papa Tongarewa Museum (24 Std. 30 NZ$, außer Sa).

RESTAURANTS

WBC €€–€€€

Originelle Fischgerichte mit asiatischer Finesse, aber auch eine tolle Lamm-Schulter stehen auf der Karte.

- 107 Victoria St. (1. Stock) | Wellington
  Tel. 04-499 9379
  www.wbcrestaurant.co.nz

Hummingbird Eatery & Bar €€

Französisch-pazifische Küche und fantasievolle Cocktails.

Bei Ebbe bietet der Hot Water Beach ein Wellnessprogramm zum Nulltarif

• 22 Courtenay Pl. | Wellington
Tel. 04-801 6336
www.hummingbird.net.nz

Shed 5 €€
Fangfrisches aus dem Meer in einer stilvoll umgebauten Lagerhalle.
• Queens Wharf | Wellington
Tel. 04-499 9069 | www.shed5.co.nz

Caffe L'Affare €
Ein Tipp für ein gutes Frühstück, eigene Kaffeerösterei.
• 27 College St. | Wellington
Tel. 04-385 9748 | www.laffare.co.nz

NIGHTLIFE
Wellingtons Nachtleben konzentriert sich auf einen Straßenzug mit rund 50 Kneipen und Restaurants: **Courtenay Place** und davon abzweigend **Blair** und **Allen Streets.** Laufsteg der alternativen Szene ist die **Cuba Street.** Oder wie wäre es mit einer Night Safari in **Zealandia?** In dem stadtnahen Naturpark tummeln sich dutzendweise Kiwis, die sich auch sehen und hören lassen (53 Waiapu Rd., Vorort Karori am westlichen Rand des Stadtzentrums, www.visitzealandia.com, Zealandia by Night 2,5 Std. 85 NZ$, Kids' Night Walks 1,5 Std. 40 NZ$).

AUSFLÜGE VON WELLINGTON

AUSSICHTSPUNKTE
Die über steile Hügel wuchernde Stadt hat mehrere schöne Aussichtspunkte: Einer davon befindet sich hoch oben im Neubauviertel von **Brooklyn** (Ashton Fitchett Drive, Einfahrt nur 9–17 Uhr).

Nicht weniger reizvoll ist der Rundumblick vom **Mount Victoria** auf City, Hafen und die meist aufgewühlten Wasser der Cook Strait. Je nach Tageszeit sticht eine der weiß gestrichenen Fähren ins Auge, die sich durch die Dünung zwischen Nord- und Südinsel kämpft.

CITY MARINE DRIVE

Die etwa 50 km lange Straße erschließt die attraktiven, buchtenreichen Vororte im Westen der Hafeneinfahrt. Hinter der Oriental Bay führt sie dicht am Wasser entlang, vorbei am International Airport, auf die **Miramar-Halbinsel,** von deren Nordspitze man einen tollen Blick auf die Skyline der City hat. Miramar ist auch die Heimat des **Weta Workshop,** berühmt durch Animationen u. a. für »Herr der Ringe«, »Hobbit«, »King Kong« oder »Avatar«. Es gibt verschiedene Studioführungen (vorab online buchen, ab 28 NZ$), einen Shop, ein Mini-Museum und eine Filmdokumentation (20 Min., gratis) über die Arbeit »hinter den Kulissen« (Camperdown Rd./Weka St., tgl. 9–17 Uhr, www.wetaworkshop.com, eingeschränkte Parkmöglichkeiten).

Auf den nächsten 20 km reiht sich Bucht an Bucht; einige, wie **Scorching Bay** und **Lyall Bay,** besitzen recht hübsche Strände und sind an Sommerwochenenden beliebte Ausflugsziele der Städter. In der **Owhiro Bay** führt ein 4 km langer Wanderweg zu den **Red Rocks,** wo man zwischen März und September eine Robbenkolonie beobachten kann. Zurück in die City gelangt man über die Happy Valley Road.

KAPITI COAST

Die strandgesäumte Küste im Nordwesten ist ein beliebtes Naherholungsziel der Hauptstädter. Im Hafen von **Mana** sind schicke Jachten festgemacht, besonders schöne und breite Badestrände liegen zwischen **Raumati** und **Waikanae.** Von der Innenstadt führt der SH 1 geradewegs nach Norden und erreicht nach knapp 60 km **Paraparaumu** 52 ▮ J10, die wichtigste Stadt an der Kapiti Coast. 3 km weiter nördlich zeigt das **Southward Car Museum** eine bemerkenswerte Oldtimersammlung (Otaihanga Rd., ausgeschildert, tgl. 9–16.30 Uhr, www.southwardcarmuseum.co.nz, 17 NZ$). Der schöne Strand von Paraparaumu ist der am besten erschlossene der Kapiti Coast.

WAIRARAPA

Herzstück der hügeligen Region im Nordosten Wellingtons ist die malerische Umgebung des Dorfes **Martinborough** 53 ▮ J10 mit gastlichen Gartenlokalen und familiengeführten **Weingütern,** z. B. **Ata Rangi, Dry River** (beide an der Puatanga Road) und **Te Kairanga** (Martins Road). Die Anfahrt erfolgt zunächst auf dem SH 2 Richtung Nordosten, anschließend auf dem bei Featherston abzweigenden Hwy. 53. Wer übernachten will (am Wochenende nach Möglichkeit vorab reservieren!), hat die Wahl unter einer ganzen Reihe gemütlicher B & Bs und Farmstays oder kommt mitten im Ort stilvoll im Martinborough Hotel unter.

HOTEL

Martinborough Hotel €€€
Liebevoll restaurierte viktorianische Villa mit gemütlich eingerichteten Zimmern.
• 10/12 Memorial Square | Martinborough
Tel. 04-306 9350
www.martinboroughhotel.co.nz

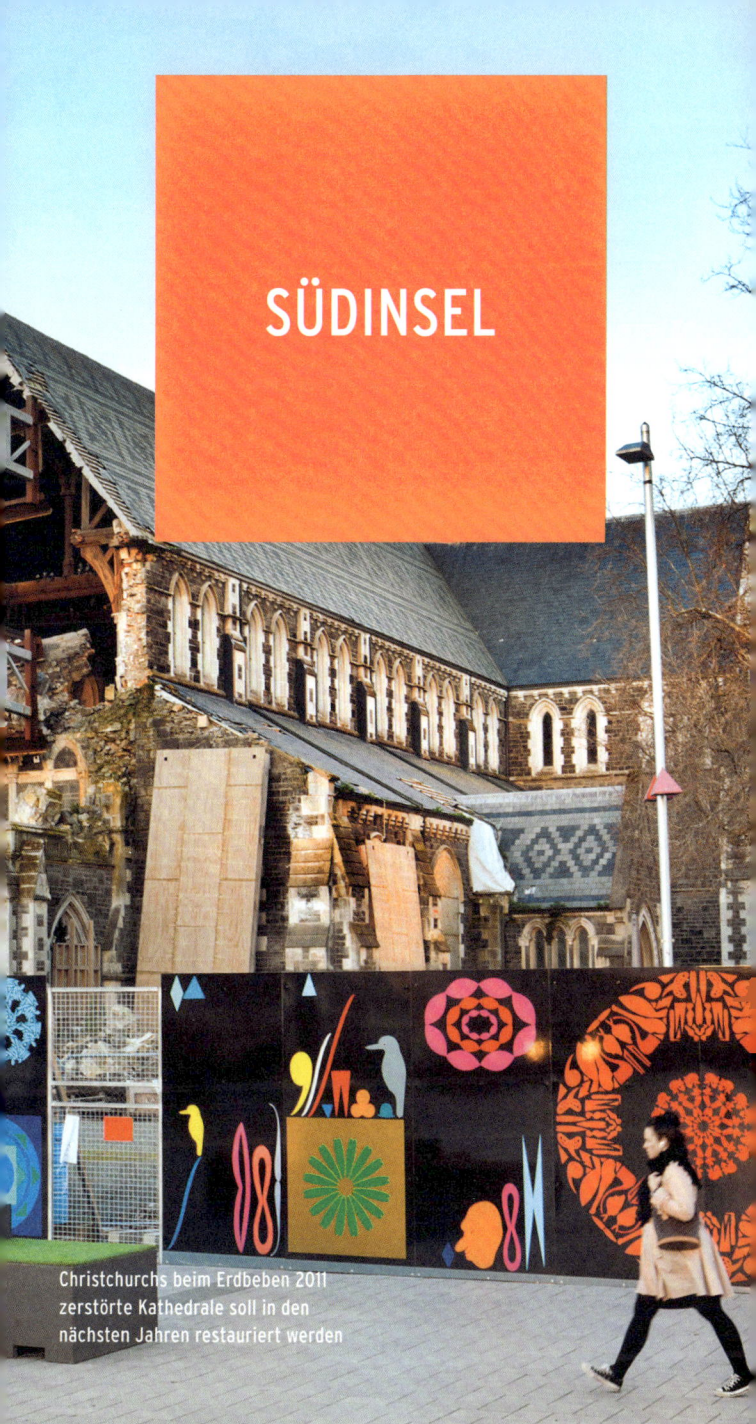

SÜDINSEL

Christchurchs beim Erdbeben 2011
zerstörte Kathedrale soll in den
nächsten Jahren restauriert werden

Wellington

Noch mehr Platz für weite, einsame Landschaften bietet die dünn besiedelte Südinsel mit ihren Fjorden, Gletschern und kristallklaren Seen. Ihr urbanes Zentrum ist Christchurch, das nach den schweren Erdbeben 2011 eine neue Zukunft anstrebt.

Nur rund ein Viertel der neuseeländischen Bevölkerung ist auf der flächenmäßig größeren Südinsel (auf Maori »Pounamu«) zu Hause. Also hat die Natur reichlich Platz, sich von ihren schönsten Seiten zu zeigen. An vielen Stellen bewahren Nationalparks die einzigartige Fauna und Flora. Die in schneebedeckten Dreitausendern gipfelnden Südalpen (Southern Alps) trennen die niederschlagsreiche Westküste von der trockeneren Osthälfte. Nur einige Pässe lassen Wege von einer Seite zur anderen zu. Während die Regenwälder im Norden von herrlich weichen Sandstränden und sanften Buchten eingefasst sind, prallt das grüne Dickicht im Süden auf schroffe Steilküsten und tief ins Land schneidende Fjorde. Mit geringschätzigem Blick auf die kleinere Nordinsel nennen die Südinsulaner ihre Heimat »Mainland« (Festland). Wie zum Beweis trumpft die Landmasse im Innern mit mächtigen Gletschern, gurgelndem Schmelzwasser und dem Aoraki Mount Cook als höchstem Berg Neuseelands auf. Bescheidene Metropole der Südinsel ist Christchurch mit gerade mal 380 000 Einwohnern. Im äußersten Süden, wo es bis zur Antarktis nicht mehr weit ist, überrascht Neuseeland dann noch mit einer weiteren Insel: Stewart Island.

Der Blick von Bob's Peak auf Queenstown und den Lake Wakatipu kann sich sehen lassen

TOUREN IN DER REGION

TOUR 4

SÜDINSEL-RUNDREISE

ROUTE: Christchurch › Hanmer
Springs › Westport › Pancake Rocks ›
Greymouth › Hokitika › Franz Josef /
Fox Glacier › Haast Pass › Wanaka ›
Queenstown / Milford Sound › Dune-
din / Otago Peninsula › Oamaru ›
Aoraki Mt. Cook › Lake Tekapo ›
Christchurch

KARTE: Seite 108
DAUER: 12 Tage (ca. 1890 km)
PRAKTISCHE HINWEISE:
- An der nassen West Coast ist das
  Wetter meist völlig anders als an
  der Ostküste, also Regensachen
  stets griffbereit haben.
- Das Naturschauspiel an den
  Pancake Rocks macht bei Flut
  umso mehr Eindruck, dafür
  laden an der Westküste die Strände eher bei Ebbe zu Spazier-
  gängen ein.
- Selbst bei tief hängenden Wolken
  kann ein Rundflug in der Glet-
  scherregion lohnen, aktuelle Infos
  bekommt man vor Ort. Der Flug
  von Queenstown zum Milford
  Sound spart nicht nur Zeit, sondern beschert auch einmalige
  Ausblicke. Pinguine auf der Otago-
  Halbinsel bekommt man am ehesten spät nachmittags zu Gesicht,

Albatrosse fliegen nur bei kräfti-
gen Winden.
- Wenn die Zeit nicht reichen sollte,
  kann auf den Abstecher zum Fuß
  des Aoraki Mount Cook verzichtet
  werden. Der *cloud piercer* ist, wenn
  auch aus der Distanz, schön vom
  SH 8 aus zu sehen.

TOUR-START:

Der erste Tag gehört, trotz Erdbebenschäden, **Christchurch 1** › S. 113
mit seinen Parks und gepflegten
Gärten. Erholung vom Pflastertre-
ten bietet anschließend das idylli-
sche Bergdorf **Hanmer Springs 3**
› S. 117. Am dritten Tag fährt man an
die West Coast und macht einen
Schlenker über die Robbenkolonie
bei **Westport 13** › S. 123, um nachmittags die **Pancake Rocks 15**
› S. 124 mit ihren spritzenden
Brandungslöchern zu bestaunen
und in **Greymouth 16** › S. 124 zu
übernachten. Der vierte Tag ist der
Souvenirjagd in der Greenstone Capital **Hokitika 17** › S. 125 und der
Goldsuche in **Ross 18** › S. 125 ge-
widmet, abends sinkt man müde in
ein Bett zu Füßen des **Franz Josef
20** oder **Fox Glacier 21** › S. 126. Je
nach Witterung stehen anderntags
kurze oder ausgiebigere Gletscher-
besuche an, abends kann man in
Wanaka 28 › S. 132 sein. Am sechsten Tag erholt man sich am Lake
Wanaka, bevor man die aussichtsreiche Fahrt über die Crown Range

TOUREN IM SÜDLICHEN TEIL DER SÜDINSEL

TOUR ❹

SÜDINSEL-RUNDREISE

Christchurch > Hanmer Springs > Westport > Pancake Rocks > Greymouth >
Hokitika > Franz Josef / Fox Glacier > Haast Pass > Wanaka > Queenstown /
Milford Sound > Dunedin / Otago Peninsula > Oamaru > Aoraki Mount Cook >
Lake Tekapo > Christchurch

TOUR ❻

DER WILDE, EINSAME SÜDEN

Dunedin > Balclutha > Owaka > Tautuku > Waikawa > Curio Bay > Waipapa Point >
Invercargill > Riverton > Tuatapere > Manapouri > Te Anau > Milford Sound >
Te Anau

Westport **13**
Cape Foulwind
Charleston Inangahua
Murchison
St. Arnaud **63**
Buller R.
Lake Rotoroa
Lake Rotoiti
Nelson Lakes N. P.
INLAND KAIKOURA RANGE
SEAWARD KAIKOURA RANGE
Punakaiki Paparoa N. P.
Pancake Rocks **15**
Reefton
Ikamatua
4
6
864
Lewis Pass
Hanmer Springs **3**
7
Kaikoura **4**
1
Greymouth **16**
Shantytown
Hokitika **17**
Lake Brunner
Culverden
Cheviot
Ross **18**
924
Arthur's Pass N. P.
Arthur's Pass
Canterbury
Hurunui R.
Waipara
Amberley
Okarito Harihari
Westland
Lake Coleridge
A L P S
Franz Josef Glacier **20**
3754
Aoraki Mt. Cook National Park
Aoraki Mt. Cook **23**
Aoraki Mt. Cook
Mt. Cook Village
Lake Pukaki
Lake Tekapo **24**
Twizel
Mackenzie Country **4**
Lake Benmore
Lake Aviemore
83
Kurow
Waitaki R.
Otago
Ranfurly
Dunback
Middlemarch
Pukerangi
87
Mosgiel
Port Chalmers
Taiaroa Head
Otago Peninsula
4 **6** **36** Dunedin
START **6**
Rangitata R.
73
Sheffield
Oxford
72
Glentunnel
Darfield
Mount Hutt
Methven
77
Scenic Drive
Rangiora
1
Kaiapoi **1**
Christchurch
Lyttelton
Little River
Burnham
72
1
Ashburton
Lake Ellesmere
Banks Peninsula
Akaroa **2**
START **4**
Geraldine
Temuka
Timaru
Pareora
8
Fairlie
Waimakariri R.
Waimate
Oamaru
1
Moeraki Boulders **37**
Palmerston

Long Harry
Codfish Island
Mason Bay
980 Mt. Anglem
Fred's Camp
681 Mt. Rakeahua
Bungaree
Oban **44**
Halfmoon Bay
Paterson Inlet
Ulva Island
Mt. Allen 750
Bluff

Stewart Island

N

0 — 20 km

Road nach **Queenstown** `25` ▶ S. 129 antritt. Hier sollte man mindestens zwei Tage verbringen, inklusive Ausflug zum **Milford Sound** ▶ S. 131. Am neunten Tag gelangt man auf dem SH 8 nach **Dunedin** `36` ▶ S. 139 an der Ostküste, zwei Übernachtun-

gen sollte einplanen, wer genügend Zeit für Tierbeobachtungen auf der **Otago Peninsula** ▶ S. 139 haben möchte. Am elften Tag genießt man die schöne Fahrt durch das Hochland im Inselinnern mit hoffentlich ungetrübten Ansichten der Sou-

TOUR IM NÖRDLICHEN TEIL DER SÜDINSEL

TOUR `5`

KÜSTENFAHRT IM NORDEN

Picton ▶ Havelock ▶ Nelson ▶ Motueka ▶ Kaiteriteri ▶ Marahau ▶ Takaka ▶ Collingwood

thern Alps und lässt die Etappe am malerischen **Lake Tekapo** 24 › S. 128 ausklingen. Über Fairlie, Geraldine und Ashburton geht es am letzten Tag nach Christchurch zurück.

5

KÜSTENFAHRT IM NORDEN

ROUTE: Picton › Havelock › Nelson › Motueka › Kaiteriteri › Marahau › Takaka › Collingwood

KARTE: Seite 110
DAUER: 4 Tage (275 km)
PRAKTISCHE HINWEISE:
• Wer ab Picton einen Trip in die naturbelassenen Marlborough Sounds unternehmen will – zu Wasser oder zu Land –, muss mindestens einen Tag dranhängen. Ebenso, wer ab Marahau / Kaiteriteri in den Abel Tasman National Park vorstoßen möchte. Bootstransfers dorthin und evtl. Hüttenaufenthalte bucht man am besten bereits in Nelson.

TOUR-START:
Wer mit der Fähre von der Nordinsel ankommt, sollte dem hübschen Hafenstädtchen **Picton** 6 › S. 119 zumindest einen Kurzbesuch abstatten, bevor er auf den Queen Charlotte Drive abzweigt, die wunderschöne Panoramastraße entlang der **Marlborough Sounds** › S. 118.

Für einen Imbiss ist die Grünschalenmuschel-Hauptstadt **Havelock** › S. 119 die beste Wahl, als Nachtquartier bietet sich **Nelson** 7 › S. 120 an. Am zweiten Tag sollte man sich etwas Zeit für die Kunst- und Kunsthandwerkerszene der Region nehmen, bevor die Küstenfahrt weitergeht Richtung **Abel Tasman National Park** 9 › S. 121. Der Übernachtungsort **Marahau** › S. 121 liegt nah am Parkeingang. Nach einer Wanderung auf dem Coastal Track geht die Fahrt über den Takaka Hill in die **Golden Bay** › S. 123. Ein zentraler Ausgangspunkt für Unternehmungen ist hier der Flecken **Collingwood** 12 › S. 123, wo auch Ausflüge zum Vogelparadies **Farewell Spit** › S. 123 starten.

6

DER WILDE, EINSAME SÜDEN

ROUTE: Dunedin › Balclutha › Owaka › Tautuku › Waikawa › Curio Bay › Waipapa Point › Invercargill › Riverton › Tuatapere › Manapouri › Te Anau › Milford Sound › Te Anau

KARTE: Seite 108
DAUER: 5–7 Tage (ca. 770 km)
PRAKTISCHE HINWEISE:
• Die Tour führt weitgehend durch dünn besiedelte Regionen abseits der Haupttouristenströme. Bei Anmietung eines Wohnmobils entfällt

> die lästige Quartiersuche, ein Stellplatz findet sich problemlos. Weil man am Milford Sound mit dem Wohnmobil nur eingeschränkt übernachten kann, endet die Tour mit der Rückfahrt nach Te Anau.
> • Die Naturschönheiten der Catlins entdeckt nur, wer auf schmalen Sträßchen durch die Hügellandschaft kurvt – das setzt ein entsprechendes Zeitbudget voraus.
> • Für einen Besuch von Stewart Island sollte man zumindest während der Schulferien den Flug bzw. die Fähre reservieren.

TOUR-START:

Von **Dunedin** 36 › S. 139 aus weist der SH 1 den Weg nach Süden, bis die Tour hinter **Balclutha** 38 › S. 141 der ausgeschilderten **Southern Scenic Route** hin zur wildromantischen Küste bei **Kaka Point** und **Nugget Point** › S. 141 folgt. Wer in den **Catlins** › S. 141 ein Bett für die Nacht sucht, wird am ehesten in und um **Owaka** 39 › S. 142 fündig. Von der dörflichen Ansiedlung aus lassen sich alle Sehenswürdigkeiten entlang des Küstenabschnitts bequem erreichen. Wer mit dem Wohnmobil unterwegs ist, steuert am Abend des zweiten Tages **Curio Bay** › S. 142 an, um auf dem Campingplatz oberhalb der versteinerten Bäume die Nacht zu verbringen. Anderntags nimmt man am exponierten **Waipapa Point** › S. 142 vor dramatischer Kulisse Abschied von den Catlins und fährt geradewegs nach **Invercargill** 43 › S. 142. Den

vierten Tag kann ein Ausflug in die unberührte Wildnis von **Stewart Island** › S. 143 ausfüllen. Oder man folgt unbeirrt der Southern Scenic Route, die als Hwy. 99 zunächst weiter nach Westen und bei Tuatapere endgültig nordwärts führt: erst nach **Manapouri** 33 › S. 135, dann nach **Te Anau** 32 › S. 134, beides lauschige Ortschaften an gleichnamigen Seen. Der fünfte Tag wäre mit einem Ausflug zum abgelegenen **Doubtful Sound** › S. 136 gänzlich verplant. Alternativ kann man den Tagestrip über die Milford Road zum **Milford Sound** 35 › S. 136 und zurück nach Te Anau unternehmen – oder gleich auch noch Tag sechs für den schönsten aller Fjorde reservieren. Verdient hat er es zweifellos!

VERKEHRSMITTEL

• Ein **Zug** verbindet Picton mit Christchurch (»Coastal Pacific«) und Christchurch mit Greymouth (»TranzAlpine«, Informationen zu beiden unter www.greatjour neysofnz.co.nz).
• **Busse** bedienen sämtliche wichtigen Ziele von der Golden Bay im Norden bis nach Invercargill im Süden (www.inter city.co.nz).
• Die Hauptrouten der **Inlandsflüge** führen nach Christchurch, Dunedin und Queenstown. Sounds Air verbindet Marlborough mit Wellington auf der Nordinsel (25 Min. ab/bis Picton und Blenheim, www.sound sair.com).
• Nach Stewart Island verkehren ab Invercargill kleine Flugzeuge (www.stewart islandflights.com), ab Bluff eine **Personenfähre** durch die oft sehr bewegte Foveaux Strait (Fahrpläne und Tarife unter www.stewartislandexperience.co.nz).

UNTERWEGS AUF DER SÜDINSEL

CHRISTCHURCH 1 📖 G13

Es war einmal … So muss die Geschichte von Christchurch nunmehr beginnen. Es war einmal eine Stadt, die den Charme eines Provinznestes hatte mit zahlreichen imposanten, älteren Gebäuden im neugotischen Baustil, mit gepflegten Wohnstraßen und britischem Flair. Eine Stadt mit Lebensart und Toleranz, ideal für Künstler und Nonkonformisten. Es war einmal. Ein halbes Dutzend schwere Erdbeben zwischen September 2010 und Juni 2011 haben der Stadt schwer zugesetzt. Der heftige Erdstoß am 22. Februar 2011 forderte 185 Menschenleben. Mehr als 12 000 Gebäude, vor allem im Stadtzentrum und in den östlichen Stadtteilen, mussten abgerissen werden. Der entstandene Schaden wird auf ca. 40 Mrd. NZ$ geschätzt.

INNENSTADT

Die Innenstadt muss fast komplett neu aufgebaut werden. Pläne skizzieren eine gänzlich neue Stadt mit vielen Grünzonen und moderner Architektur – kein Gebäude wird aber wohl über sieben Stockwerke hinausragen. Das Problem ist der weiche, sedimentreiche Untergrund der Stadt, der die Stabilität der Gebäude beeinträchtigt. Sicher ist nur eines: Die fast vollständig zerstörte **Christchurch Cathedral** am **Cathedral Square** Ⓐ soll Mittelpunkt der Stadt bleiben. Ca. 100 Mio. NZ$

dürfte es kosten, bis die anglikanisch-katholische Kirche 2028 wieder hergerichtet ist. Bis dahin halten die Anglikaner ihre Gottesdienste in einer Pappkirche › **Abb. S. 114** ab, für die Shigeru Ban den Entwurf lieferte. Der japanische Stararchitekt hatte bereits in Kobe und im italienischen L'Aquila Pappgebäude errichtet, beides Städte, die wie Christchurch durch Erdbeben zerstört wurden (234 Hereford St., www.cardboardcathedral.org.nz).

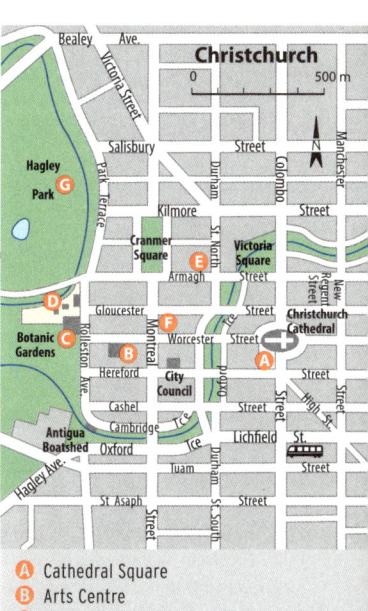

Ⓐ Cathedral Square
Ⓑ Arts Centre
Ⓒ Canterbury Museum
Ⓓ Christ's College
Ⓔ Quake City
Ⓕ Christchurch Art Gallery
Ⓖ Hagley Park

Ein teils aus Karton erbautes Provisorium ist Christchurchs Cardboard Cathedral

Die meisten historischen Gebäude der Stadt müssen entweder abgerissen oder aufwendig vor dem Einsturz bewahrt werden, darunter auch die dicken Steinmauern der ehemaligen Universität, die als **Arts Centre** der wichtigste touristische Anziehungspunkt der Stadt war. Der verschachtelte Komplex beheimatete Theaterbühnen, Cafés, Restaurants und Kunsthandwerksläden. Nach und nach wird er wieder für den Besucherverkehr freigegeben. Im Sommer findet sonntags ein kleiner Kunsthandwerkermarkt statt (zw. Worcester und Hereford Sts., www.artscentre.org.nz).

Das **Canterbury Museum** , ein weiterer massiver Steinbau, scheint ebenfalls eine Überlebenschance zu haben. Es wurde schon 1870 von dem aus Bonn stammenden Geologen Julius von Haast gegründet und informiert über die Maori-Kultur sowie die regionale Siedlerhistorie (Rolleston Avenue, April–Sept. tgl. 9–17, Okt.–März 9–17.30 Uhr, www.canterburymuseum.com, Eintritt frei, Spende).

Auch das benachbarte **Christ's College** , eine ebenso traditionsreiche wie teure Elite-Lehranstalt, blickt optimistisch in die Zukunft. Alles über die schweren Erdbeben 2010/2011 erfährt man, visuell eindrucksvoll aufbereitet, in **Quake City** (299 Durham St. North, tgl. 10–17 Uhr, www.quakecity.co.nz, 20 NZ$). Einigermaßen gut überstanden hat die Naturkatastrophe die **Christchurch Art Gallery** mit ihrer sehenswerten zeitgenössischen Kunstsammlung (Montreal St., tgl. 10–17 Uhr, www.christchurchartgallery.org.nz, Eintritt frei).

Das grüne Herz der Stadt bilden **Hagley Park** und die angrenzenden **Botanic Gardens.** An heißen Tagen belebt ein Spaziergang im Schatten der mächtigen alten Bäume (tgl. 7–21 Uhr, www.ccc.govt.nz).

INFO

I-SITE Visitor Information Centre
• Arts Centre | 28 Worcester Blvd. Christchurch | Tel. 03-379 9629 www.christchurchnz.net

VERKEHRSMITTEL
• **Tram:** Christchurchs historische Sightseeing-Tram passiert die wichtigsten Sehenswürdigkeiten der Innenstadt (50 Min., Tagespass ca. 25 NZ$, www.christchurchattractions.nz).

• **Bus:** Bus Interchange, 46–50 Lichfield St., www.metroinfo.co.nz. Knotenpunkt des öffentlichen Personennahverkehrs.

HOTELS

Fast 50 % der Hotels in Christchurchs Zentrum waren von Erdbebenschäden betroffen, mittlerweile stehen aber wieder genügend Übernachtungsmöglichkeiten zur Verfügung (aktuelle Infos unter www.christchurchnz.net). In Gehweite zum Flughafenterminal liegen das **Novotel** €€–€€€ (www.novotel.com), das **Sudima** €€ (www.sudimahotels.com) und das einfache **Jucy Snooze** €–€€ (www.jucysnooze.co.nz). Viele **Motels** säumen **Bealey Avenue** und **Papanui Road.** Alternativ bieten sich Unterkünfte in **Ashburton** oder **Methven** an, jeweils eine Fahrstunde von Christchurch Airport entfernt (www.midcanterburynz.com).

Southwark Apartments €€
In der Nähe von guten Restaurants und Cafés gelegen, mit modernen Zimmern.
• 25 Southwark St. | Christchurch
  Tel. 03-377 7803
  www.southwarkapartments.co.nz

Christchurch Top10 Park €
Parkähnlich angelegter Campingplatz mit großer Auswahl an Unterkünften, nahe der populären Northlands Mall.
• 39 Meadow St. | Papanui
  Tel. 03-352 9176
  www.christchurchtop10.co.nz

RESTAURANTS / NIGHTLIFE

Eine Reihe von Restaurants und Cafés findet man an der **Ecke Oxford Terrace/Cashel Mall,** entlang **Victoria Street** und an der **New Regent Street,** weiterhin in den originellen kleinen Einkaufszentren **The Colombo** (363 Colombo St., www.thecolombo.co.nz)

und **The Tannery** (3 Garlands Rd., www.thetannery.co.nz) im Stadtteil Woolston, den man auf dem Weg zum Strandvorort Sumner oder nach Lyttelton auf der anderen Seite der Port Hills passiert. Eine interessante Restaurant- und Kneipenszene etabliert sich auch an der Kreuzung **High/Tuam Streets.** Das **Christchurch Casino** liegt an der Victoria Street (Nr. 30), das Kinocenter **Hoyts EntX** mit attraktivem Food-Court an der Ecke Colombo/Lichfield Sts. Weitere Infos unter www.neatplaces.co.nz, www.dineout.co.nz und www.eatout.co.nz.

SHOPPING

Haupteinkaufsstraße ist die verkehrsberuhigte **Cashel Mall.** Die beliebtesten Einkaufszentren sind **Hornby Mall** (418 Main South Rd.), **Riccarton Mall** (129 Riccarton Rd.) und **Northlands Mall** (55 Main Rd., Papanui). Ein permanenter **Farmers Market** entsteht mit dem Riverside an der Ecke Oxford Tce./Cashel Mall (www.riverside.nz), zwei interessante **Bauernmärkte** finden samstags von 9 bis 13 Uhr am Riccarton House (16 Kahu Rd.) und in Lyttelton entlang der London Street statt.

📣 PUNTING ON THE AVON

Bei den historischen Antigua Boat Sheds im Botanischen Garten starten geruhsame Stechkahnfahrten über den Avon (2 Cambridge Tce., www.christchurchattractions.nz, im Sommer tgl. 9–18, im Winter 10–16 Uhr, 30 Min., 30 NZ$). Kanus, Kajaks und Ruderboote für individuelle Touren können hier ebenfalls geliehen werden (www.boatshed.co.nz, ab 24 NZ$/Std.

AUSFLÜGE VON CHRISTCHURCH

SUMMIT ROAD

Die aussichtsreiche Panoramastraße über die Port Hills in Südosten Christchurchs ist teilweise noch gesperrt. Zugang besteht nach **Sumner**, einem netten Seebad mit tollem Strand, vor dem Surfer über die Wellen reiten. Von Sumner fährt man über die **Evans Pass Road** bis **Rapanui Bush.** Hier gibt es drei Optionen: Geradeaus soll die Straße ab 2020 wieder nach **Lyttelton** führen. Oder man zweigt nach links auf die **Summit Road** nach **Godley Head** ab, die tolle Panoramablicke auf den Küstenverlauf und die Kaikoura Ranges bietet. Die dritte Möglichkeit: der Summit Road nach rechts folgen, wobei man aber zurzeit wegen Steinschlag nur bis zur **Mount Pleasant Road** gelangt. Nach ihrer Öffnung wird die Summit Road wieder weiter zum **Sign of the Kiwi** führen, einem hübschen Café mit Blick von 332 m Höhe auf die Canterbury-Ebene und den Hafen von Lyttelton.

Alternativ gelangt man von Christchurch aus über die **Dyers Pass Road** und **Cashmere** zum Sign of the Kiwi und auf der anderen Seite wieder hinunter über Governors Bay nach **Lyttelton.** Das Hafenstädtchen mit seinen vielen viktorianischen Holzhäusern hat seit dem Erdbeben ein wenig an Charme verloren, aber die Community des Vororts ist stark und zu einem Wiederaufbau fest entschlossen.

Der Tunnel ist die schnellste Verbindung zurück nach Christchurch; am Ausgang biegt eine Straße zur **Christchurch Gondola** mit Bergstation oberhalb der Summit Road ab (tgl. 9–17 Uhr, www.christchurchat tractions.nz). Hier geht es auch zum **Ferrymead Heritage Park,** einem Freilichtmuseum aus der Pionierzeit (tgl. 10–16 Uhr, www.ferrymead. org.nz, 12,50 NZ$).

BANKS PENINSULA

Das bezaubernde Hafenstädtchen **Akaroa** 2 📖 G14 auf der Banks-Halbinsel 80 km südöstlich von Christchurch wurde von französischen Siedlern gegründet, die hier 1840 im geschützten Naturhafen vor Anker gingen. Am Fuß der über 800 m aufragenden Hügelkette errichteten sie ihre Siedlung.

Historisches Kleinod und wie das alte **Gericht** und das **Zollhaus** Teil des **Akaroa-Museums** ist das **Langlois-Eteveneaux House,** ein liebevoll restauriertes Holzhaus, das in Einzelteilen per Schiff aus Frankreich geholt wurde (71 Rue Lavaud, tgl. 10–16.30 Uhr). Heute mutet die Ortschaft wie eine südfranzösische Sommerfrische an. Nicht verpassen: den Garten von **The Giants House** mit tollen Mosaikskulpturen (68 Rue Balguerie, www.thegiantshouse.co. nz, tgl. 11–16 Uhr, 20 NZ$).

HOTEL

Akaroa Village Inn €€
Unterkünfte verschiedener Kategorien direkt am Wasser.
• 81 Beach Rd. | Akaroa | Tel. 03-304 1111
www.akaroavillageinn.co.nz

AKTIVITÄTEN

- **Hafenrundfahrten** starten um 11 und 13.30 Uhr an der Main Wharf, ca. 2 Std., z. B. mit **Black Cat** (Tel. 03-304 7641, www.blackcat.co.nz).
- Auch **Schwimmen mit Delfinen** ist möglich, z. B. mit **Black Cat** (s. o.) oder **Akaroa Dolphins** (Tel. 03-304 7866, www.akaroadolphins.co.nz).
- **Kanutouren** in der geschützten Bucht können auch Ungeübte unternehmen (Verleih, Info: **Akaroa Adventure Centre**, Tel. 03-304 7784, www.akaroa.com).

MIT DEM TRANZALPINE AN DIE WEST COAST

Einen langen Tag dauert die spektakuläre Eisenbahnfahrt über die Südalpen, von Christchurch nach **Greymouth** und zurück. Steil aufragende Felshänge und tief herabstürzende Wasserfälle ziehen an dem Panoramafenstern der Waggons vorbei. Der Zug rattert durch Tunnel und über Viadukte, bis hinter dem **Arthur's Pass** das wuchernde Grün der Westküste die karge Berglandschaft ablöst. Eine Stunde Aufenthalt in Greymouth und der Zug nimmt wieder Fahrt auf Richtung Osten (Abfahrt Christchurch 8.15 Uhr, Ankunft 18.31 Uhr, www.greatjourneysofnz.co.nz, ca. 400 NZ$).

HANMER SPRINGS 3 🔖 G12

Zunächst auf dem SH 1, dann auf dem SH 7 gelangt man von Christchurch in das etwa 140 km nördlich gelegene Bergdorf mit dem beliebten Thermalbad. Die Badelandschaft der **Thermal Reserve** bietet unterschiedlich temperierte Becken und Private Pools (42 Amuri Ave., tgl. 10–21 Uhr, www.hanmersprings.co.nz, 25 NZ$, Private Pool 30 Min. 35 NZ$, 1 Std. 45 NZ$). Markierte Wanderwege und der 16 km lange Forest Drive erschließen den umgebenden, noch weitgehend urwüchsigen **Hanmer Forest.**

Eine Fahrt mit dem TranzAlpine gehört zu den schönsten Eisenbahnerlebnissen der Welt

HOTEL

Spa Lodge Motel €€
Ruhig gelegenes Motel in Gehweite zu den Thermal Pools.
• 15 Harrogate St. | Hanmer Springs
Tel. 0800-446 644
www.spalodgehanmer.co.nz

KAIKOURA 4 ⭐ ▮ H12

Das Hafenstädtchen ist bekannt für seine Langusten *(crayfish)*. In den Küstengewässern ziehen auf ihrer Wanderung durch die Weltmeere mächtige Wale ihre Bahnen: Pottwale von April bis Juni, Orcas im Sommer, Buckelwale im Juni/Juli. Überwacht von Tierschützern fahren Boote zur Walbeobachtung aus (ab Whaleway Station, Buchung einige Tage im Voraus unter Tel. 03-319 6767, www.whalewatch.co.nz, ca. 3 Std., 150 NZ$, bei hohem Seegang kann der Trip ausfallen).

Das Städtchen erholt sich zurzeit von einem schweren Erdbeben, das 2016 den Meeresboden vor der Küste bis zu 4 m anhob und für große Zerstörungen sorgte. Aktuelle Infos unter www.kaikoura.co.nz und www.nzta.govt.nz/eq-travel.

HOTELS

Hapuku Lodge & Tree Houses €€−€€€
Übernachten in 5 komfortablen Baumhäusern in einem kleinen Manuka-Wald mit Blick auf Berge und Küstenlinie.
• SH 1 / Station Road | 12 km nördlich von Kaikoura | Tel. 03-319 6559
www.hapukulodge.com

The White Morph Motor Inn €€−€€€
Beste Lage an der Waterfront; Zimmer mit Kitchenette, einige mit Whirlpool.

• 92−94 Esplanade | Kaikoura
Tel. 0800-368 888
www.whitemorph.co.nz

RESTAURANT

Green Dolphin €€−€€€
Delikat zubereitete Fischgerichte, je nach Witterung auch frisch gefangene Langusten. Schöner Blick auf die Bucht.
• 12 Avoca St. (am Fischereihafen)
Kaikoura | Tel. 03-319 6666
www.greendolphin.co.nz

MARLBOROUGH

Die Region im Norden der Südinsel gilt als Neuseelands ertragreichstes Weinanbaugebiet. Viel Sonne und Feuchtigkeit tun den Trauben einfach gut. Davon profitieren inzwischen über 65 Weingüter. Ein einzigartiges Naturwunder ist die fjordähnliche Küstenlandschaft der **Marlborough Sounds** ⭐ mit ihren von bewaldeten Bergen eingerahmten, versunkenen Flusstälern. Sie lässt sich am besten per Boot erkunden.

BLENHEIM 5 ▮ H11

Die Provinzstadt in der flachen Wairau-Ebene ist die größte Ansiedlung in der Region, sie hat sich zu einem Zentrum des umliegenden Weinanbaus entwickelt. Der hier gekelterte Sauvignon Blanc genießt internationalen Ruf. Die im Visitor Centre erhältliche Broschüre »Wineries of Marlborough« führt zu vielen renommierten Weinkellereien, von denen einige exzellente Restaurants besitzen. Regelmäßig werden auch Ausflüge mit Weinproben organisiert.

INFO
i-SITE Visitor Information Centre
- 8 Sinclair St. | Blenheim
  Tel. 03-577 8080
  www.marlboroughnz.com

PICTON 6 📍 H10

Die Fähren zur Nordinsel bestimmen den Rhythmus der Stadt: Beim Aus- und Einladen herrscht hektische Betriebsamkeit, doch kaum sind die Leinen los, versinkt der idyllisch am Queen Charlotte Sound gelegene Hafenort in einen Dämmerschlaf. Unter den angebotenen Bootstouren in die labyrinthischen Gewässer der Marlborough Sounds reizt besonders die **Mail Boat Cruise** mit dem Postschiff ab Picton Town Wharf (Mo–Sa 13.30 Uhr, Tel. 0800-624 526, www.beachcombercruises.co.nz, 4 Std., 103 NZ$). Oder man macht sich zu Fuß auf den Weg, z. B. auf dem **Queen Charlotte Track** entlang des Fjords. Die schönste Etappe verläuft zwischen Furneaux Lodge und Ship Cove (Tagestrip ab Picton mit Cougar Line, Tel. 0800-504 090, www.cougarline.co.nz, 90 NZ$).

In Picton beginnt der **Queen Charlotte Drive.** Die herrliche Panoramastraße führt oberhalb der Fjordlandschaft entlang und windet sich immer wieder hinab zu anmutigen Buchten. Ein schöner Campingplatz direkt am Wasser liegt in der **Momorangi Bay** (vorab reservieren, Tel. 03-573 7865, www.doc.govt.nz). Die nächste größere Ansiedlung ist **Havelock**, ein betriebsames kleines Hafenstädtchen, das sich mit dem Titel »Hauptstadt der Grünschalenmuschel« schmückt.

Variantenreich werden diese im Mussel Pot €€ serviert (73 Main St., Tel. 03-574 2824, www.themusselpot.co.nz), besonders lecker sind sie bei Mills Bay Mussels €€ am Jachthafen (23a Inglis St., Tel. 03-574 2575, www.millsbaymussels.co.nz).

INFO
i-SITE Visitor Information Centre
- Foreshore | Picton | Tel. 03-520 3113
  www.marlboroughnz.com

HOTELS

Punga Cove Resort €–€€€
Direkt am Fjord, von Regenwald umgeben. Nur per Boot oder zu Fuß erreichbar. Guter Ausgangspunkt für Wanderungen auf dem Queen Charlotte Track.
- Endeavour Inlet | Queen Charlotte Sound
  Tel. 03-579 8561
  www.pungacove.co.nz

Te Mahia Bay Resort €€
Bilderbuch-Idyll am Wasser, nette Apartments. Vielfältige Aktivitäten – von Wanderungen bis zu Angelausflügen.
- Kenepuru Sound | Tel. 03-573 4089
  www.temahia.co.nz

Picton Top 10 Holiday Park €–€€
Sehr gepflegte Campsite mit Motelzimmern unweit des Fährhafens.
- 70–78 Waikawa Rd. | Picton
  Tel. 03-573 7212
  www.pictontop10.co.nz

RESTAURANTS

Die Auswahl ist nicht groß. Bei **Gusto** (33 High St.), **Cafe Cortado** (Ecke High St./London Quay) oder **Le Cafe** (14 London Quay) isst man ordentlich, ohne allzu tief in die Tasche greifen zu müssen.

MÄRKTE MIT LOKALKOLORIT

- Allerhand Obst und Gemüse, die im fruchtbaren Norden gedeihen, kann man auf dem **Bay of Islands Farmers Market** in **Paihia** (Village Green, 60 Marsden Rd., Do 13–16.30 Uhr) probieren. Nicht nur frisch geerntet, sondern auch gepresst und vergoren oder zu süßer Konfitüre und herzhaften Chutneys verarbeitet > S. 75.
- In **Raglan** bietet der **Creative Market** (Old School Arts Centre, So 10–14 Uhr) Künstlern und Kunsthandwerkern einmal im Monat Gelegenheit, ihre Produkte zu vertreiben > S. 82.
- Viel Handgemachtes, ob Strickwaren und Textilien oder Leckereien aus eigener Herstellung, gibt´s auf dem **Village Market** in **Lower Hutt** bei Wellington (46 Wainui Rd., Gracefield, Sa, So 9–15 Uhr). Ein echter Kiwi-Markt > S. 99.
- Im Hafenstädtchen **Lyttelton** bei Christchurch lockt der traditionelle **Farmers Market** (Sa 9–13 Uhr) eine zahlreiche Kundschaft auf die zentrale London Street. Lebensmittel direkt vom Erzeuger und viel *community spirit* > S. 116.
- Der **Nelson Market** (1 Montgomery Square, Sa 8–13 Uhr) ist bei Touristen und Locals gleichermaßen beliebt. Neben Kunsthandwerk aus lokalen Ateliers und landwirtschaftlichen Produkten aus der Region gibt es viel Alternatives, Originelles > S. 120.

NELSON 7 ◗ G10

In und um die sonnenverwöhnte Stadt haben sich viele Kunsthandwerker und (Lebens)Künstler niedergelassen. An ausgedehnten Sandstränden wie dem **Tahunanui Beach** und in den Straßencafés der lebhaften City rund um die **Trafalgar Street** macht das prima Wetter umso mehr Spaß. Nicht nur bei Regen zu empfehlen ist die ausgefallene Kleiderkunst in der **World of Wearable Art (WOW)** mit dem angeschlossenen **Classic Car Museum** (tgl. 10–17 Uhr, www.wowcars. co.nz, 24 NZ$).

INFO

i-SITE Visitor Information Centre
- 77 Trafalgar St. | Nelson
  Tel. 03-548 2304 | www.nelsontasman.nz

HOTEL

The Honest Lawyer €€–€€€
Nostalgisch-rustikaler Charme, Villen am Wasser und gutes Restaurant.
- 1 Point Rd. | Nelson | Tel. 03-547 4070
  www.honestlawyer.co.nz

RESTAURANTS

Wer gerne Fisch isst, wird in Hafennähe, entlang des Wakefield Quay, bestens verköstigt, z. B. im **Boat Shed Cafe** (Nr. 350).

NELSON LAKES NATIONAL PARK 8 ◗ F/G12

Südlich von Nelson entführt der SH 6 in zunehmend dünner besiedeltes Bergland. Schließlich hat man die Qual der Wahl: Entweder auf

Die Küstenlandschaft im Abel Tasman National Park ist eine der reizvollsten Neuseelands

den Hwy. 63 Richtung St. Arnaud abzweigen, wo der **Lake Rotoiti** touristische Annehmlichkeiten am Rand des Nationalparks bietet, oder auf die teils unbefestigte Zufahrt zum abgeschiedenen **Lake Rotoroa** einbiegen. Schöne Wanderwege erschließen die Ufer beider Seen.

HOTEL

Alpine Lodge €€
Zentral für Wanderer und Skiläufer.
• Hwy. 63 | St. Arnaud/Lake Rotoiti
 Tel. 03-521 1869 | www.alpinelodge.co.nz

ABEL TASMAN NATIONAL PARK 9 ⭐6 📖 G10

Das 225 km² große Naturschutzgebiet empfängt als attraktives Wanderrevier ohne Extreme, dafür mit reizvoller Küstenroute: Der 51 km lange **Coastal Track** › S. 137 stößt aus schattigem Regenwalddickicht im-

mer wieder an bezaubernde, südseeähnliche Sandstrände (3–5 Tage). Beliebt sind geführte Wanderungen mit Gepäcktransport und Übernachtungen in Komforthütten (Wilsons Abel Tasman › S. 122). Tageswanderungen auf Teilstrecken lassen sich mit Wassertaxis organisieren › S. 122. Sehr schön ist der Abschnitt zwischen Torrent Bay und Bark Bay/Medlands Beach. Die Transfer-Boote starten in den Siedlungen **Kaiteriteri** und **Marahau,** die über geschützte Strände und Campsites verfügen. Atraktiv sind auch geführte Kajaktouren entlang der Küste; Ausrüstung wird gestellt (1–3 Tage, Abel Tasman Kayaks, Marahau Beach, Tel. 03-527 8022, www.abeltasmankayaks.co.nz).

Mit vielen Unterkünften und Läden empfängt die muntere Kleinstadt **Motueka** 10 📖 G10 als Tor zum lieblichsten aller neuseeländischen Nationalparks.

INFO

i-SITE Visitor Information Centre
- 20 Wallace St. | Motueka
  Tel. 03-528 6543
  www.motuekaisite.co.nz,
  www.doc.govt.nz

TAGESWANDERUNGEN

- **»Coast to Coast«** heißt eine aussichtsreiche Wanderung durch Aucklands Stadtgebiet zwischen Tasman Sea und Pazifik **> S. 72.**
- Auf **Rangitoto Island** im Hauraki Gulf führt ein Wanderweg vom Kai bis zum Gipfel des Vulkankegels hinauf, Lavafelder und den größten Pohutukawa-Wald der Insel querend **> S. 73.**
- Beim **Tongariro Crossing** erlebt man die bizarre Vulkanlandschaft des Tongariro National Park hautnah **> S. 92.**
- Unterhalb der imposanten Steilküste im Südosten Napiers gelangt man bei Ebbe auch zu Fuß zur Tölpelkolonie am **Gannet Beach > S. 98.**
- Wassertaxis ab Picton ermöglichen eine Tagestour auf dem schönsten Abschnitt des **Queen Charlotte Track** zwischen Furneaux Lodge und Ship Cove **> S. 119.**
- Der **Rob Roy Valley Track** führt in die Bergwelt des Mount Aspiring National Park. Am Rob-Roy-Bach entlang geht es durch Buchenwald bis zur Baumgrenze (Transfer-Service für die 50 km lange Anreise ab Wanaka nutzen). **> S. 132.**

VERKEHRSMITTEL

Bootstransfers: Wassertaxis zu verschiedenen Buchten des Nationalparks und zu den Startpunkten von Wanderwegen kann man bei **Wilsons Abel Tasman** (Motueka, Tel. 0800-223 582, www.abeltasman.co.nz) oder **Abel Tasman Aquataxi** (Marahau und Kaiteriteri, Tel. 0800-278 282, www.aquataxi.co.nz) reservieren.

HOTELS

Ocean View Chalets €€
Gemütliche Holzhäuser mit voll ausgestatteter Küche und Blick auf die Bucht, nur 500 m vom Parkeingang entfernt.
- 305 Sandy Bay-Marahau Rd. | Marahau
  Tel. 03-527 8232
  www.accommodationabeltasman.co.nz

Awaroa Lodge €–€€€
Komfort-Unterkunft an herrlichem Strandabschnitt mit direktem Zugang zur Wildnis. Nur zu Fuß oder mit dem Boot erreichbar.
- Awaroa Bay | Nordküste des Parks
  Tel. 03-528 8758
  www.awaroalodge.co.nz

Kaiteriteri Recreation Reserve €
Guter Campingplatz in Top-Lage: In der Sandbucht auf der anderen Straßenseite starten Bootstouren zum Nationalpark.
- Kaiteriteri | Tel. 03-527 8010
  www.experiencekaiteriteri.co.nz

RESTAURANT

Park Cafe €–€€
Hier trifft man sich auf dem Weg vom oder in den Nationalpark, bei starkem Kaffee, deftigen bis vegetarischen Speisen und aktuellen Wetteransagen.
- 1 Harveys Rd. | Marahau
  Tel. 03-527 8270 | www.parkcafe.co.nz

GOLDEN BAY

Über den steilen Takaka Hill muss, wer zum Nordwesteingang des Abel Tasman National Park gelangen will. Nicht nur der feine Badestrand bei **Totaranui** lohnt die lange Anfahrt. Feiner, goldgelber Sand säumt die gesamte Bucht, die ihren Namen allerdings früheren Goldfunden verdankt. Als Zentralort der Golden Bay fungiert das entspannte **Takaka** 11 ▮ G10; nordwestlich davon sprudeln die ergiebigsten Süßwasserquellen Neuseelands, die **Te Waikoropupu Springs.**

HOTEL

Sans Souci Inn €€
Bio-Gasthaus mit Grasdach und netten Gastgebern 7 km östlich von Takaka.
• 11 Richmond Rd. | Pohara
Tel. 03-525 8663
www.sanssouciinn.co.nz

FAREWELL SPIT

Die sandige Nordspitze der Südinsel, berühmt als Vogelparadies, kann nur im Rahmen geführter Bustouren besucht werden. Ausgangspunkt ist der verträumte Küstenort **Collingwood** 12 ▮ G10, der nur zu Ferienzeiten wach geküsst wird. Umkehrpunkt ist der verlassene **Leuchtturm** am Ende der Nehrung (Farewell Spit Eco Tours, tgl., Tel. 0800-808 257, www.farewellspit.com, 160 NZ$).

CAMPING

Pakawau Beach Camp €
Kleine Campsite mit Cabins direkt am Strand, auf dem Weg zum Farewell Spit.

• 10 Fahrmin. nördl. von Collingwood
Tel. 03-524 8308
www.goldenbaycamping.co.nz

WEST COAST

An dem knapp 500 km langen Küstenabschnitt zwischen Karamea und Haast zeigt die Südinsel ihr wildes Naturell: Ungehemmt tobt sich die Brandung der Tasmanischen See an Felsen und Stränden aus – und ungebremst prallen heraneilende Unwetter gegen die steil aufragenden Westflanken der Southern Alps. Und so lebt an der unwirtlichen West Coast gerade mal 1 % aller Neuseeländer. Ein recht eigenwilliges Völkchen, das *coaster* genannt wird.

WESTPORT 13 ▮ F11

Eben noch hat sich der Buller River aufgewühlt durch eine enge Schlucht (Buller Gorge) südöstlich gezwängt, jetzt fließt er breit und ergeben ins Meer. An der Mündung breitet sich die kleine Hafenstadt aus, die nach wie vor von Kohlevorkommen in der Umgebung lebt. Alles Wissenswerte dazu erfahren Besucher im interessant gestalteten **Coaltown Museum** (123 Palmerston St., Dez.–März tgl. 9–17, sonst Mo–Fr 9–16.30, Sa, So 10–16 Uhr, 10 NZ$). Über die küstennahen SH 67A gelangt man zum **Cape Foulwind** mit der nördlichsten Robbenkolonie des Landes, etwa 12 km von Westport entfernt.

INFO

I-SITE Visitor Information Centre
• 123 Palmerston St. | Westport
Tel. 03-789 6658 | www.westport.nz

KARAMEA 14 📖 F10

Ab Westport sind es ca. 100 km auf der Küstenstraße (Hwy. 67) Richtung Norden, bis beim verträumten Ort Karamea überraschend mildes Mikroklima erwärmt. Selbst Palmen und Südfrüchte gedeihen hier in sonnenbeschienener Abgeschiedenheit. Wanderwege erschließen die umgebende Karstlandschaft mit einem weitläufigen Höhlensystem. Im **Oparara Basin** schuf die Erosion dramatische Kalksteinbögen, die versteckt in einem dichtem Wald moosbewachsener Bäume liegen.

PANCAKE ROCKS 15 ⭐ 📖 E12

Aus Kalkstein formte die starke Brandung hier an der Küste bizarre Formationen, die an übereinandergeschichtete Pfannkuchen *(pancakes)* denken lassen. Fontänenar-

tig schießt die Gischt bei Flut aus den Blowholes, den Öffnungen im Fels. Man wird nass, wenn man sich auf dem beschilderten Rundweg zu nah heranwagt! Das Naturwunder gehört zum **Paparoa National Park.** Ein Besuch lohnt am späten Nachmittag, wenn die Tourbusse wieder abgefahren sind. Displays mit geologischen Erläuterungen kann man sich im Visitor Centre in **Punakaiki** ansehen, wo auch mehrere Wanderwege beginnen (4294 Coast Rd., Tel. 03-731 1895, www. punakaiki.co.nz).

Nicht weit entfernt liegt an einem schönen Strandabschnitt das **Punakaiki Beach Camp,** ein toller Ort für einen stimmungsvollen Sonnenuntergang (5 Owen St., Tel. 03-731 1894, www.punakaikibeach camp.co.nz).

Wind und Wasser formten die bizarren Pancake Rocks im Paparoa National Park

GREYMOUTH 16 📍 E12

Die Kleinstadt an der Mündung des Grey River ist das Wirtschaftszentrum der West Coast. Hier endet die berühmte Eisenbahnfahrt mit dem **TranzAlpine** › S. 117. »Monteith's«, das süffige Bier von der Westküste, wird hier gebraut (Turumaha/Herbert Sts., geführte Touren 11.30, 15, 16.30 und 18 Uhr, Tel. 03-768 4149, www.thebrewery.co.nz, 25 NZ$).

Die Zeit des Goldrauschs in den 1860er-Jahren wird 11 km südlich in der nachgebauten Goldgräberstadt **Shantytown** lebendig (316 Rutherglen Rd., tgl. 8.30–17 Uhr, www.shantytown.co.nz, 33,50 NZ$).

INFO
i-SITE Visitor Information Centre
• 164 Mackay St. | Greymouth
  Tel. 0800-767 080
  www.westcoasttravel.co.nz

HOTELS
Seaside Top 10 Holiday Park €
Am wilden West-Coast-Strand, angenehme Cabins und Motelzimmer.
• 2 Chesterfield St. | Greymouth
  Tel. 0800-867 104
  www.top10greymouth.co.nz

RESTAURANT
Bonzai Cafe €
Pizza, Pasta und Steaks zu fairen Preisen.
• 31 Mackay St. | Greymouth
  Tel. 03-768 4170

HOKITIKA 17 📍 E12 UND ROSS 18 📍 E13

Hokitika war einst die Metropole der umliegenden Goldfelder. An den Reichtum von damals erinnern

einige Prachtbauten. Anhand des Infoblatts »Fossicking for Gold« (erhältlich beim DOC, Sewell St.) darf heute jeder an ausgewiesenen Stellen nach Gold suchen. › mehr S. 12 Punkt ❺ Wem das zu mühsam ist, der kann Nuggets im Stadtzentrum kaufen. Oder hält Ausschau nach Greenstone (Jade). Die Auswahl ist riesig, von preiswerter Massenware bis zu Preziosen aus Künstlerhand. › mehr S. 12 Punkt ❻

An den Flüssen rund um **Ross** wird nach wie vor Gold gewaschen. In bescheidenen Maßen, längst nicht mehr so ertragreich wie 1909, als man hier das bis heute wertvollste Nugget Neuseelands fand: so groß wie eine Männerfaust und 3 kg schwer. Der Rekordfund ging an das englische Königshaus, wo er angeblich zu Tafelbesteck eingeschmolzen wurde. Das Visitor Centre in Ross gibt eine Broschüre aus, die eine einstündige Wanderung zu einer alten Goldgräberhütte beschreibt.

INFO
i-SITE Visitor Information Centre
• 36 Weld St. | Hokitika
  Tel. 03-755 6166 | www.hokitika.org

Goldfields Information and Heritage Centre
• 4 Aylmer St. | Ross | Tel. 03-755 4077
  www.westlanddc.govt.nz/ross

HOTELS
Beachfront Hotel Hokitika €–€€
Im Ortszentrum mit Meerblick.
• 111 Revell St. | Hokitika
  Tel. 0800-400 344
  www.beachfronthotel.co.nz

The Historic Empire Hotel €–€€
Ehemaliger Goldgräberpub mit einfachen Zimmern; im urigen Schankraum wird Deftiges in großen Portionen serviert.
• 19 Aylmer St. | Ross
  Tel. 03-755 4005

RESTAURANT

Stella Cafe €€
Käsetheke, Cabinet Food (Quiches, Pies etc.) und guter Kaffee.
• 84 Revell St. | Hokitika
  Tel. 03-755 5432

SHOPPING

Anspruchsvolle und authentische Kunstwerke aus Greenstone sind in der Auslage von **Tectonic Jade** (67 Revell St., www.tectonicjade.com) zu bewundern, ebenso wie bei **Waewae Pounamu** (39 Weld St., www.waewaepounamu.co.nz).

WESTLAND NATIONAL PARK 19 ⭐ 🔖 D13

Zwei eiskalte Sehenswürdigkeiten liegen hier nah beieinander, mächtige Gletscher, deren Eiszungen kurz vor der Küste den Regenwald erreichen. Eine faszinierende Komposition aus sattem Grün, grauem Geröll und milchigen Schmelzwassern. Im Lauf der letzten beiden Jahrhundert befanden sich die Eismassen mal auf dem Vormarsch, mal – wie momentan – stark auf dem Rückzug. Derzeit sind die Gletscherzungen 11 bzw. 12 km (Fox) lang.

Der **Franz Josef Glacier** 20 🔖 D13, vom Naturforscher Julius von Haast nach dem damaligen österreichischen Kaiser benannt, zieht schon seit jeher den Kürzeren. Als touristisches Basislager dient die Ortschaft **Franz Josef:** Hier kann man übernachten, essen, Souvenirs kaufen und zu Rundflügen oder geführten Wanderungen starten. Gleiches gilt, allerdings in deutlich geringerem Umfang, für die Siedlung am **Fox Glacier** 21 🔖 D13, etwa 25 km weiter südlich.

An der 20 km langen Straße zum geröllbeladenen **Gillespies Beach** an der Küste liegt der **Lake Matheson.** In seiner Wasseroberfläche spiegeln sich frühmorgens bei klarem Himmel die schneebedeckten Gipfel von Aoraki Mount Cook und Mount Tasman wider. Am besten beobachten lässt sich das großartige Schauspiel vom Aussichtspunkt **View of Views,** in einem 45-minütigen Fußmarsch vom Parkplatz aus zu erreichen.

INFO

i-SITE/DOC Visitor Information
• 63 Cron St. | Franz Josef
  Tel. 0800-354 748 (i-SITE)
  Tel. 03-752 0360 (DOC)
  www.glaciercountry.co.nz

HOTELS

Rainforest Retreat / Rainforest Holiday Park €–€€€
Blockhütten im Regenwald, Wohnmobil-Stellplätze unter Baumfarnen.
• 46 Cron St. | Franz Josef
  Tel. 03-752 0220
  www.rainforest.nz

Fox Glacier Top 10 Holiday Park & Motels €
Caravan-Park mit sehr guten Cabins.
• Lake Matheson Road | Fox Glacier
  Tel. 03-751 0821 | www.fghp.co.nz

Der Eisstrom des Franz Josef Glacier taut unweit der gleichnamigen Ortschaft ab

RESTAURANT

The Landing €

Mitten im Ort, gängige Bistrogerichte.

• Main Road | Franz Josef
  Tel. 03-752 0229
  www.thelandingbar.co.nz

HAAST 22 ▮ C14

Der schmucklose Ort hat sich auf die Bedürfnisse von Durchreisenden eingerichtet. Nach dem Bonner Geologen Julius von Haast, der im 19. Jh. Neuseeland erforschte, ist der 563 m hoch gelegene **Haast Pass** benannt, der die West Coast mit dem Landesinneren verbindet. Im **Haast Visitor Centre,** auch Sitz des DOC, informiert eine Ausstellung über das umliegende Naturschutzgebiet **South Westland** (Kreuzung SH 6/Haast–Jackson Bay Road, tgl. 9–18 Uhr).

HOTEL

Lake Moeraki Wilderness Lodge €€€

Naturverbundene Lodge, umgeben von Regenwald. Sehr gut geführte Ausflüge zu Pinguinen und Robben.

• SH 6 | 30 km nördl. von Haast Junction
  Tel. 03-750 0881
  www.wildernesslodge.co.nz

AORAKI MOUNT COOK 23 ★8 ▮ D14

Über dem dünn besiedelten Hochplateau im Innern der Südinsel thront der schneebedeckte Bergriese des Landes: Aoraki Mount Cook, 3724 m hoch. Über Land, vorbei an endlosen Schafweiden, führt der SH 8, stets mit Ausblick auf die majestätische Kulisse der Southern

Alps. Zum höchsten Berg Neuseelands gelangt man per Kleinflugzeug von Christchurch und Queenstown aus oder auf dem Mount Cook Highway (Hwy. 80), der auf der Höhe des Lake Pukaki vom Hwy. 8 abzweigt > s. auch Seitenblick S. 129. Die knapp 60 km lange Stichstraße passiert die milchigen Schmelzwasser des Sees, erreicht den zum UNESCO-Welterbe erklärten **Aoraki Mount Cook National Park** und endet schließlich im **Aoraki Mount Cook Village.** Die touristisch geprägte Siedlung am Fuß des Berges ist Ausgangspunkt für Ausflüge in die spektakuläre Hochgebirgswelt, in der 22 von den 27 Dreitausendern Neuseelands liegen.

Rundflüge bescheren grandiose Ausblicke, sind hier aber extrem wetterabhängig und starten auch am Lake Tekapo (Air Safaris, Tel. 0800-806 880, www.airsafaris.co.nz, 395 NZ$). Wer zu Gletscherwanderungen oder alpinen Kletter- und Skitouren aufbrechen will, sollte sich einem erfahrenen Guide anvertrauen (buchbar z. B. über Alpine Recreation, Lake Tekapo, Tel. 0800-006 096, www.alpinerecreation.com, Auskunft auch in Deutsch). Kurze Wanderungen zum **Kea Point** oder **Hooker Valley** sind mithilfe der im Visitor Centre erhältlichen Wegbeschreibungen auch gut auf eigene Faust zu bewältigen, desgleichen Ausflüge zum Tasman-, Hooker- und Mueller-Gletscher.

Das im Komplex des Hermitage Hotel untergebrachte **Sir Edmund Hillary Alpine Centre** hält das Lebenswerk des berühmten Bergstei-

gers in 3-D-Filmen und mit einer Ausstellung lebendig (Sommer tgl. 7–20.30, sonst 9–19 Uhr, 20 NZ$).

INFO

DOC Visitor Centre
• 1 Larch Grove | Mount Cook Village
   Tel. 03-435 1186 | www.doc.govt.nz,
   www.mackenzienz.com

HOTEL

The Hermitage Hotel €€€
Großer Komplex mit luxuriösen Zimmern und Panorama-Restaurant. Viele Reisegruppen und Tagesgäste. Preiswerter und für Selbstversorger sind die angeschlossenen **Mount Cook Chalets** €€.
• 89 Terrace Rd. | Mount Cook Village
   Tel. 03-435 1809 | www.hermitage.co.nz

LAKE TEKAPO 24 E14

Die recht schmucklose Ortschaft wäre kaum erwähnenswert, läge ihr nicht ein umwerfend schöner See zu Füßen, dessen türkisfarbenes Wasser von schneebedeckten Gipfeln gerahmt wird. Ganze Busladungen machen hier am SH 8 Halt und richten ihre Objektive auf die malerisch am Ufer platzierte Steinkapelle **Church of the Good Shepherd,** erbaut 1935. Daneben steht die Bronzestatue eines Hirtenhundes, aufgestellt zu Ehren jener Tiere, die bei der Schafhaltung in der menschenleeren Weite des Mackenzie Country bis heute unverzichtbar sind.

Wegen der geringen Lichtverschmutzung wurde die Region zum **Aoraki Mackenzie International Dark Sky Reserve** erklärt. > mehr S. 17 Punkt ❸ Entsprechend beliebt sind Führungen im **Mt. John University Observatory** (Earth and Sky, Tel. 03-680 6960, www.earthandsky.co.nz, 175 NZ$) und nächtliche Stargazing-Touren (Tel. 03-680 6579, www.tekapostargazing.co.nz, 129 NZ$), kombinierbar auch mit einem entspannenden Bad in den wohltemperierten **Tekapo Springs** ganz in der Nähe des einzigen Campingplatzes (tgl. 10–21 Uhr, www.tekaposprings.co.nz, 27 NZ$).

INFO
Im Internet: www.tekapotourism.co.nz

HOTELS
The Godley Hotel €€
Einige Zimmer bieten (noch) unverbaute Aussicht auf den See.
• SH 8 | Lake Tekapo (Ortsmitte)
  Tel. 0800-835 276 | www.tekapo.co.nz

Lake Tekapo Motels & Holiday Park €
Naturnah am Seeufer, die Hot Pools sind ca. 5 Gehminuten entfernt.
• 2 Lakeside Dr. | Lake Tekapo (am westlichen Ortsrand)
  Tel. 0800-853 853
  www.laketekapo-accommodation.co.nz

QUEENSTOWN

 C15

Am tiefen **Lake Wakatipu** gelegen, vor imposanter Hochgebirgskulisse, hat der lebhafte Ferienort eigentlich nur eines im Sinn: Fun and Action. Rasante Abenteuer zu Wasser, Luft oder Land sorgen für Nervenkitzel. Wer es ruhiger angehen möchte, fährt mit der **Skyline Gondola** auf den über 470 m hohen **Bob's Peak,** der einen tollen Blick auf Stadt und See beschert (tgl. 9–21 Uhr, www.skyline.co.nz, 39 NZ$). Wieder hinab kann man (muss aber nicht) auf zwei Luge-Bahnen in Schlitten auf Rädern flitzen (Gondola und 2, 3 oder 5 Luge Rides 55, 57, 60 NZ$) oder Huckepack am Gleitschirm schweben (Buchung vor Ort auf dem Hügel oder unter Tel. 03-441 8581, www.nzgforce.com, ca. 240 NZ$).

Bei dieser Aktivität kommt man nicht außer Atem: Die **»T.S.S. Earnslaw«,** ein Schraubendampfer von 1912, der früher die Schaffarmen rund um den See versorgte und die Tiere abtransportierte, fährt über

---

💬 LACHSE AUS SAUBERSTEM WASSER

In jüngster Zeit haben Lachsfarmen *(salmon farms)* die eiskalten, unbelasteten Schmelzwasser zu Füßen der Southern Alps für sich entdeckt. Die Zuchtfische gedeihen hier prächtig, das Fleisch schmeckt hervorragend, ein großer Teil geht in den Export. Aber verkauft wird auch ab Farm. **Mount Cook Alpine Salmon** stellt sich als höchstgelegene Lachsfarm der Erde vor (SH 8 zwischen Tekapo und Twizel, am Lake Pukaki Visitor Centre, tgl. 8.30–17.30 Uhr, Tel. 03-435 0427, www.alpinesalmon.com). **High Country Salmon** liegt für Durchreisende ebenfalls praktisch am Weg (SH 8, 8 km südl. von Twizel, tgl. 8–18, Winter bis 17 Uhr, Tel. 021-400 385, www.highcountrysalmonfarm.co.nz).

den See zur **Walter Peak Country Sheep & Cattle Station** (Steamer Wharf, tgl., www.realjourneys. co.nz, ab 70 NZ$). Auf der Station erfährt man einiges über die Arbeit auf einer Hochland-Schaffarm.

Aber in **Skippers Canyon** wird's ernst! Nur Geländefahrzeuge (keine Mietwagen!) dürfen in die wildromantische Schlucht, wo Abenteuerlustige sich beim Canyon Swing (www.canyonswing.co.nz, 249 NZ$) in schwindelerregenden Höhen oder Rafting durch Wildwasser (www.goorange.co.nz, ab 189 NZ$) austoben können. Im Unterlauf des Shotover River lassen rasante Jet Boats die Nackenhaare der Insassen zu Berge stehen (z. B. www.shotover jet.com, 30 Min. 155 NZ$).

INFO

i-SITE Visitor Information Centre
• 22 Shotover St. (Clocktower Building)
  Queenstown | Tel. 03-442 4100
  www.queenstownsite.com

DOC Visitor Information
Anlaufstelle für Wanderungen.
• 50 Stanley St. | Queenstown
  Tel. 03-442 7935 | www.doc.govt.nz

Real Journeys Visitor Information
Buchung von »T.S.S. Earnslaw« und Ausflügen zum Milford und Doubtful Sound.
• 1 Steamer Wharf | Queenstown
  Tel. 0800-656 501 | www.realjourneys.co.nz

HOTELS

The Waterfront €€€
Modern, großzügige Zimmer, Seeblick.
• 109 Beach St. | Queenstown
  Tel. 03-442 5123 | www.thewaterfront.nz

Novotel Lakeside €€–€€€
Herrlich am See gelegen, zentral und ruhig. Gute Raten im Internet.
• Earl Street | Queenstown
  Tel. 03-442 7750 | www.novotel.com

Creeksyde Holiday Park & Motels €
Gepflegter, ruhiger Campingplatz, nur ein paar Gehminuten vom Zentrum entfernt. Auch Motelzimmer..
• 54 Robins Rd. | Queenstown
  Tel. 0800-786 222
  www.camp.co.nz

RESTAURANTS

Kappa €€
Gutes japanisches Restaurant (1. Etage), begehrt sind die Plätze auf dem Balkon.
• 36 The Mall | Queenstown
  Tel. 03-441 1423

Lone Star €€
Eine Institution mitten in Queenstown: deftige Gerichte in großen Portionen.
• 14 Brecon St. | Queenstown
  Tel. 03-442 9995 | www.lonestar.co.nz

WEINGÜTER

Beliebt zum Lunch sind die Restaurants der **Gibbston Valley Winery** (SH 6 nahe Kawarau Bridge, www.gibbstonvalley.com) und der **Amisfield Winery** mit besonders kreativer Küche (auch Dinner, 10 Lake Hayes Rd., Tel. 03-442 0556, www.amisfield.co.nz). Über 80 Weine kann man in der **Winery** mitten in Queenstown verkosten (14 Beach St., Tel. 03-409 2226, www.thewinery.co.nz).

NIGHTLIFE

In Queenstown können die Nächte schon mal etwas länger werden, z. B. in der irischen Kneipe **Pog Mahones** (14 Rees St.), in den Pubs und Bars an der verkehrsberu-

Im stillen Wasser des Milford Sound spiegeln sich in sattes Grün gehüllte, hohe Berge

higten **Mall** oder **Steamer Wharf** und in den beiden kleinen **Casinos** (Beach Road und Steamer Wharf).

AUSFLÜGE VON QUEENSTOWN

MACETOWN

In eine verlassene Geisterstadt aus Goldgräbertagen führt der Halbtagestrip mit dem Geländewagen über unbefestigtes Terrain. Zwischen grün überwucherten Mauerresten und verrosteten Minengeräten werden alte Goldgräbergeschichten wieder lebendig. Der Veranstalter unternimmt auch Touren zu Drehorten von »Herr der Ringe« (Nomad Safaris, Tel. 0800-688 222, www. nomadsafaris.co.nz, 295 NZ$).

MILFORD SOUND

Der Trip zum schönsten aller neuseeländischen Fjorde › S. 136 kann als Tages- oder Halbtagesausflug erfolgen. Ob man mit Bus oder/und Flugzeug anreist (8–12 Std.) – am Wasser geht es nur mit dem Schiff weiter (ca. 2 Std.), auch Übernachtung an Bord ist möglich (Real Journeys › S. 130). Flüge sind teuer und extrem wetterabhängig, bieten aber unvergessliche Hochgebirgsansichten (Air Milford, Tel. 0800-462 252, www.airmilford.co.nz, ab 565 NZ$/ 4 Std.). Einige Schiffstouren stoppen am **Milford Discovery Centre & Underwater Observatory** in Harrison's Cove, wo man die Unterwasserwelt des Fjords beobachten kann (tgl. 9–16 Uhr, www.southerndisco veries.co.nz, ab 61 NZ$).

UMGEBUNG VON QUEENSTOWN

GLENORCHY 26 📖 C15

Dem Ostufer des Lake Wakatipu folgt die 45-minütige Fahrt zu dem entlegenen Dorf mitten im Naturparadies, Startpunkt für Wanderungen (Routeburn Track, 32 km) oder MTB-Touren. Eine Reihe von Adventure-Veranstaltern hat hier ihren Sitz. Am Flusslauf starten Jet Boats zur rasanten Fahrt über Stromschnellen, Rückfahrt fakultativ im Funyak, einem aufblasbaren Kajak (Dart River, Tel. 03-442 9992, www.dartriver.co.nz, 269 NZ$, auch mit Bustransfer ab Queenstown).

ARROWTOWN 27 📖 C15

Der schönste Weg zu Queenstowns einst goldreichem Nachbarort ist die Malaghans Road, vorbei an Arthurs Point (Start der Shotover-Jet-Boats), an der Einfahrt zum Skippers Canyon › S. 130 und der Auffahrt zum 1650 m hohen Coronet Peak, im Winter beliebt als Skigebiet, ganzjährig als Aussichtspunkt. An der Hauptstraße Arrowtowns mit netten Cafés und Shops stehen unter mächtigen Alleebäumen einige historische Cottages. Was sonst noch aus den bewegten Pionierzeiten erhalten ist, lässt sich im **Lake District Museum** betrachten (49 Buckingham St., tgl. 8.30–17 Uhr, www.museumqueenstown.com, 10 NZ$). Ein netter Spaziergang führt zu einem nachgebauten **Chinese Settlement,** das zeigt, wie karg chinesische Goldsucher hier gelebt haben.

Millbrook Resort €€€
Extravagantes Golfhotel mit eigenem, sehr anspruchsvollen Golfplatz.
• 1124 Malaghans Rd. | Arrowtown
Tel. 0800-800 604 | www.millbrook.co.nz

WANAKA 28 📖 D15

Saison ist hier fast immer. Doch anders als Queenstown lässt sich der Ferienort am Lake Wanaka nicht aus der Ruhe bringen – obwohl die Panoramastraße über die **Crown Range,** vorbei am historischen Cardrona Hotel und dem gleichnamigen Skigebiet für eine attraktive Anbindung sorgt. Verwirrung stiftet nur die **Puzzling World:** knifflige Geschicklichkeitsspiele, Illusionen und ein Irrgarten (188 Wanaka–Luggate Hwy., tgl. 8.30–17.30 Uhr, www.puzzlingworld.co.nz, 18 NZ$). Am Airport lohnen das **Flugzeugmuseum** (tgl. 8–16 Uhr, www.warbirdsandwheels.co.nz, 20 NZ$) und ein herrlich ungeordnetes **Transport- und Spielzeugmuseum** den Besuch (891 Wanaka–Luggate Hwy., tgl. 8.30–17 Uhr, www.nttmuseumwanaka.co.nz, 18 NZ$).

Nördlich von Wanaka führt der SH 6 dicht am Westufer des Lake Hawea entlang. Der Seespiegel wurde um ca. 20 m angehoben, um mit dem Wasser das Kraftwerk im weit entfernten Roxburgh zu betreiben. An der Nordspitze des Lake Wanaka beginnt die Wildnis des **Mount Aspiring National Park.** Das DOC-Büro befindet sich in **Makarora;** hier beginnt auch die »Siberia Experience«, eine halbtägige Naturexkursion mit Helikopter, Jet Boat und zu Fuß (Okt.–April, Tel. 03-443 4385, www.siberia experience.co.nz, 395 NZ$).

HOTELS

The Moorings €€–€€€
Sämtliche Zimmer bieten Seeblick.
• 17 Lakeside Rd. | Wanaka
Tel. 03-443 8479
www.themoorings.co.nz

Mt. Aspiring Holiday Park €
Campingplatz mit schönem Blick.
• 217 Mount Aspiring Rd. | Wanaka
Tel. 050-892 6252
www.mtaspiringholidaypark.co.nz

RESTAURANT

Relishes Cafe €€
Kreative, aber nicht abgehobene neuseeländische Küche.
• 1/99 Ardmore St. | Wanaka
Tel. 03-443 9018
www.relishescafe.co.nz

CLYDE 29 🏛 D16

Hauptattraktion des ehemaligen Goldgräberstädtchens sind die von einem 56 m hohen Damm zwecks Energiegewinnung gestauten Fluten des Clutha River, der heutige Lake Dunstan. Der Abstecher vom SH 8 lohnt allemal, schon der gepflegten historischen Häuser entlang der Hauptstraße wegen. In Clyde starten einige schöne Wander- und Radwege, darunter der **Otago Central Rail Trail,** der auf einer 1980 stillgelegten, ehemaligen Eisenbahntrasse verläuft (nähere Infos unter www. otagocentralrailtrail.co.nz).

HOTEL/RESTAURANT

Olivers Central Otago €€€
11 Zimmer in verschiedenen historischen Gebäuden; sehr gutes Restaurant > S. 35.
• 34 Sunderland St. | Clyde
Tel. 0800-131 070
www.oliverscentralotago.co.nz

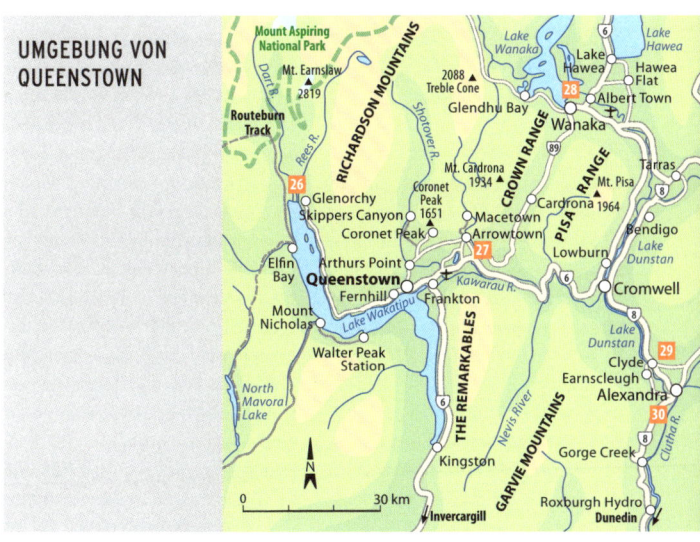

UMGEBUNG VON QUEENSTOWN

ALEXANDRA 30 📖 D16

In dem Binnenstädtchen am SH 8 geht es im Sommer heiß her. Dann können die Temperaturen auf über 30 °C steigen – ein Grund dafür, warum hier mit Erfolg Weinanbau betrieben wird. Einen Wegweiser zu den hübsch gelegenen Kellereien legt das Visitor Centre auf (21 Centennial Ave., Tel. 03-262 7999, www. centralotagonz.com).

Die alten Goldgräberpfade in den umliegenden Hügeln sind vor allem bei Mountainbikern beliebt. Auf einer der Erhebungen steht die **Alexandra Clock,** eine Uhr mit 11 m Durchmesser.

FIORDLAND NATIONAL PARK 31 ⭐ 10 📖 B16

Im äußersten Südwesten macht die Südinsel mit Naturschönheiten noch mal so richtig Eindruck. Jenseits der dicht bewaldeten Wildnis dringen die Küstenwasser der Tasmanischen See in bezaubernde Fjorde ein.

TE ANAU 32 📖 B16

Unruhe kommt immer dann in den beschaulichen Ort am Ufer des gleichnamigen Sees, wenn die Touristenbusse Richtung Milford Sound › S. 136 Rast machen, also am Vormittag und später bei der Rückfahrt. In Te Anau beginnt die 119 km lange **Milford Road** (SH 94), die zu dem weltberühmten Fjord führt. Die Straße passiert die bezaubernden **Mirror Lakes,** in deren glattem Wasser sich bei klarem Wetter die umliegenden Berggipfel spiegeln.

Zu den romantisch von Glühwürmchen illuminierten **Glowworm Caves** am Westufer des **Lake Te Anau** gelangt man nur per Boot (Touren tgl. 9, 10.15, 14, 16.30, 17.45, 19, 20.15 und 21.30 Uhr, Mitte April–Ende Okt. seltener, Buchung unter Tel. 0800-656 501, www. realjourneys.co.nz, 2 Std. 15 Min., 98 NZ$, Okt.–April auch ab Queenstown, 8,5 Std., 174 NZ$).

Te Anau ist Ausgangspunkt für mehrtägige Wanderungen in den Fiordland National Park › Special S. 137. In dem kleinen Seehafen Te Anau Downs starten die Boote zum Ausgangspunkt des berühmten **Milford Track** an der Nordspitze des Lake Te Anau, 5 Min. Fußweg sind es bis dahin. Der schwierigere, weil teils alpine **Kepler Track** (4 Tage) führt zum Lake Manapouri. Neben dem Campingplatz am Cascade Creek beginnt der **Lake Gunn Nature Walk,** ein leichter, 45-minütiger Rundwanderweg an das vogelreiche Ufer des Gunn-Sees. The Divide ist die mit 534 m niedrigste Ost-West-Überquerung der Südalpen. Nach etwa 1,5 Std. Marsch auf dem **Routeburn Track** erreicht man den Aussichtspunkt auf dem **Key Summit** mit grandiosem Rundblick über die alpine Landschaft. **Achtung:** Volltanken in Te Anau, keine Tankstelle auf der Strecke. Vor der Abzweigung der Lower Hollyford Road, die sich durch das Tal des Hollyford River zum Start des **Hollyford Track** windet, kann die Milford Road gesperrt werden (aktuelle Infos unter www.nzta.govt.nz/projects/sh94-milford-road).

i-SITE Visitor Information Centre
• 19 Town Centre | Te Anau
  Tel. 03-249 8900
  www.fiordland.org.nz

DOC Visitor Information
Infos und Broschüren zu Wanderungen.
• Lakefront Drive | Te Anau
  Tel. 03-249 7924 | www.doc.govt.nz

HOTELS
Fiordland Lakeview Motel €€
Zimmer und Apartments mit gut ausgestatteter Küche und Seeblick, Tourenschalter.
• 42 Lakefront Dr. | Te Anau
  Tel. 03-249 7546
  www.fiordlandlakeview.co.nz

Te Anau Lakeview Holiday Park €
Großzügig angelegter Campingplatz mit komfortablen Cabins.

• 77 Manapouri Rd. | Te Anau
  Tel. 0800-483 262
  www.teanauholidaypark.co.nz

RESTAURANT
Redcliff Cafe & Bar €€–€€€
Charmantes kleines Restaurant in einem alten Siedlerhäuschen. Gute Wildgerichte.
› mehr S. 15 Punkt **18**
• 12 Mokonui St. | Te Anau
  Tel. 03-249 7431 | www.theredcliff.co.nz

AUSFLUG ZUM DOUBTFUL SOUND

20 Fahrminuten von Te Anau entfernt liegt ein weiterer riesiger See mit gleichnamiger Ortschaft: **Lake Manapouri** 33 ▮ B16 hat ein unterirdisches Wasserkraftwerk, deshalb musste der Seespiegel nicht künstlich angehoben werden. Besichtigungen lassen sich mit kombinier-

Rund um Alexandra herrschen für Weinreben ideale Wachstumsbedingungen

ten Bus- und Bootsausflügen zum **Doubtful Sound** `34` 🛶 B16 verbinden, berühmt für seine unwirkliche Stille. James Cook traute der Einbuchtung nicht, als er 1770 an der Westküste für sein Schiff einen sicheren Hafen suchte, und nannte den tief ins Land schneidenden Fjord deshalb Doubtful Harbour, »zweifelhafter Hafen«. Ende des 19. Jhs. ließen sich hier die ersten europäischen Wal- und Robbenjäger nieder. Heute stört keine Siedlung die Ruhe der entlegenen Küste (Wildlife Cruise tgl. 9.30 Uhr, Tel. 0800-656 501, www.realjourneys. co.nz, 7–8 Std., 249–309 NZ$).

MILFORD SOUND `35` ⭐ 🛶 B15

Hinter dem Homer Tunnel schlängelt sich die **Milford Road** › S. 134 in engen Serpentinen hinunter zum Fjord, der sich 16 km weit und bis zu 265 m tief zwischen steilen, begrünten Felswänden bis zur offenen Tasman Sea erstreckt. Majestätisch überragt ihn der 1692 m hohe **Mitre Peak.** Nicht weit von den Bootsanlegestellen stürzen die **Bowen Falls**

160 m tief hinab. Einen weißen Farbtupfer erhält das von Meister Natur geschaffene Landschaftsgemälde durch den **Pembroke Glacier,** ein Relikt des gewaltigen Gletschers, der einst den Fjord schuf.

Mehrmals täglich starten Bootstouren durch den Fjord. Das größte Angebot hat Real Journeys (Tel. 0800-656 501, www.realjourneys. co.nz, ab 85 NZ$). »Milford Wanderer« und »Milford Mariner« bieten bis zu 70 Passagieren ein Nachtlager – eine romantische Möglichkeit, im einsamen Fjord zu übernachten. Geführte (und komfortable) Wanderungen auf Milford (5 Tage/ 4 Nächte) und Routebourn Track (3 Tage/2 Nächte) organisiert Ultimate Hikes (Tel. 0800-659 255, www. ultimatehikes.co.nz).

HOTEL

Milford Sound Lodge €€
Einfache Zimmer und kleine Campsite, 2 km von der Anlegestelle der Ausflugsboote entfernt. In der Saison reservieren!
• Milford Sound | Tel. 03-249 8071
  www.milfordlodge.com

 **DER KEA**

Als einzige Hochgebirgspapageien der Welt hielten die Keas den Eingang zum Homer Tunnel lange Zeit voll unter Kontrolle. Wegelagerern gleich bettelten die frechen, grün gefiederten Vögel an jeder sich öffnenden Autotür um Futter. Inzwischen kommen die meisten durchreisenden Touristen den eindringlichen Bitten von Tierschützern nach und füttern die Tiere nicht. Keas stehen unter Schutz, viele wurden in den letzten Jahren in entlegene Wildnisgebiete fern der Zivilisation umgesiedelt. Falls man dennoch einem begegnet, ist Vorsicht angesagt: Die ausgesprochen intelligenten Tiere können das Knabbern einfach nicht lassen – und wenn es nur Schnürsenkel, Scheibenwischerblätter oder Gummidichtungen von Autotüren sind.

TREKKING AM SCHÖNSTEN ENDE DER WELT

Der Kepler Track im Fiordland National Park zählt zu den Great Walks

Neuseeland ist ein ideales Wanderland – so viel Natur bringt einfach auf Trab. Man kann sich mit einer kurzen Rundwanderung durch schattigen Regenwald begnügen oder tagelang auf einem Great Walk durchs Hochgebirge unterwegs sein.

GREAT WALKS – DIE KÖNIGS-KLASSE

Das Department of Conservation hat zehn Wege ausgewählt, die durch die schönsten Landschaften Neuseelands führen und drei bis fünf Tage in Anspruch nehmen:

- **Whanganui River Track** mit dem Kanu in die abgelegenen Urwälder am Whanganui River › S. 86.
- **Tongariro Northern Circuit** durch die aufregende Vulkanlandschaft im Innern der Nordinsel › S. 92.
- **Lake Waikaremoana Track** tief ins größte zusammenhängende Waldgebiet der Nordinsel › S. 96.
- **Heaphy Track** durch den Kahurangi National Park zum subtropischen Norden der West Coast › Karte  S. 110.
- **Abel Tasman Coastal Track** entlang der sonnigen Nordküste der Südinsel › S. 121.
- **Paparoa Track and Pike29 Memorial Track** von der West Coast in die Bergwelt und zum Schauplatz eines Grubenunglücks › S. 124.
- **Routeburn Track** zwischen Fiordland und Mt. Aspiring National Park, vorbei an steilen Gipfeln, Wasserfällen und Seen › S. 134.
- **Kepler Track** über alpine Höhen im Fiordland National Park hin zu einsamen Gletscherseen › S. 134.

- **Milford Track** durchs Hochgebirge an den herrlichen Milford Sound › S. 134.
- **Rakiura Track** durch die menschenleere Wildnis von Stewart Island › S. 144.

RECHTZEITIG VORAB RESERVIEREN

Ohne Anmeldung geht nichts bei den populärsten Great Walks. Die Pfade sind schmal, die Hütten eng und der Andrang während der Saison von Oktober bis März groß. Am Milford Track ist zudem Zelten verboten. Wer übernachten will, muss Plätze in Hütten und auf Campingplätzen buchen (greatwalksbooking @doc.govt.nz). Hütten-Übernachtungen kosten zwischen 24 NZ$ (Rakiura Track) und 70 NZ$ (Milford Track). Probeweise wurden 2019 für internationale Touristen die Hütten-Preise von vier beliebten Tracks verdoppelt. Für einen Zeltplatz zahlt man 6–20 NZ$. Auf der übersichtlichen Webseite www.greatwalks.co.nz stehen nicht nur eindrucksvolle Touren-Videos, sondern auch Broschüren zu allen Great Walks zum Download bereit. Mit einem Formular kann man sich bequem anmelden.

UNBESCHWERT WANDERN

Wer ganz entspannt die Natur genießen möchte, bucht am besten Komplettpakete mit Gepäckservice, Übernachtung und Führer.

- **Milford Track Guided Walk und Routeburn Track Guided Walk**
  Tel. 0800-659 255
  www.ultimatehikes.co.nz
- **Abel Tasman Coast Track Guided Walks**
  Übernachtung in komfortablen Hütten mitten im Park.
  Tel. 0800-223 582
  www.abeltasman.co.nz

TAGESWANDERUNGEN

Ein Tageswanderung ist eine gute Alternative für Reisende, die nicht viel Zeit haben und trotzdem durch herrliche Natur wandern möchten. Hier die reizvollsten Vorschläge:

- **Tongariro Crossing** durch Lava- und Aschefelder vorbei an Kraterseen, inzwischen leider sehr überlaufen › S. 92.
- **Queen Charlotte Walkway** ab Ship Cove bis Endeavour Inlet am Fjordufer entlang (Bootstransfer ab Picton: Cougar Line, Tel. 0800-504 090) › S. 119.
- **Abel Tasman Coastal Track** ab Bark Bay über Sandstrände bis Marahau (Bootstransfer ab Marahau: Aquataxi, Tel. 0800-278 282, www.aquataxi.co.nz) › S. 122.

INFOSTELLE FÜR WANDERER

Department of Conservation (DOC) heißt die Behörde, die für den Naturschutz in Neuseeland zuständig ist und sich daher auch um die Wanderrouten durch die Nationalparks kümmert. Das **DOC Information Centre** und die **örtlichen DOC-Stellen** stehen für Anmeldungen und Auskünfte zur Verfügung, halten weiterhin Karten- und Informationsmaterial bereit.

- **DOC Information Centre**
  Arts Centre | 28 Worcester Blvd.
  Christchurch | Tel. 03-379 4082
  www.doc.govt.nz/visitorcentres

DUNEDIN 36 ⭐ 🏛 E16 UND UMGEBUNG

Durch die schottischste Stadt Neuseelands zu schlendern, ist wie in einem alten Album mit vergilbten Schwarzweißfotos zu blättern. Mächtige Fassaden einst stolzer Bauten begleiten die Straßenzüge: Der Stadt ging es wirtschaftlich schon mal besser. Gleich verarmtem Adel aber trägt sie ihr Schicksal hoch erhobenen Hauptes. Und die vielen Studenten halten sie lebendig.

STADTZENTRUM

Die meisten historischen Bauten befinden sich im Zentrum nahe dem **Octagon**, so die **St. Paul's Cathedral** und die **Town Hall.** Vom einstigen Glanz Dunedins zeugt die 1906 im flämischen Renaissancestil errichtete **Railway Station** am Ende der Stewart Street.

Das vollständig neu errichtete **Toitu Otago Settlers Museum** präsentiert viele Relikte aus der guten alten Zeit, darunter eine Dampflok von 1872 und die »Mary Hill Tram«, Neuseelands erste elektrisch betriebene Straßenbahn (31 Queens Gardens, tgl. 10–17 Uhr, www.toituosm.com, Eintritt frei).

Im **Otago Museum** macht die sehenswerte Ausstellung »Southern Land, Southern People« vertraut mit Land und Leuten in der Region (419 Great King St., tgl. 10–17 Uhr, www.otagomuseum.govt.nz, Eintritt frei, Spende).

Die **University of Otago** am Rand der City wurde bereits 1869 als erste Universität Neuseelands gegründet; sie ist bis heute ebenso renommiert wie beliebt, etwa 70 % der rund 18 000 Studenten kommen von außerhalb.

Dunedins steile Hänge hinauf muss, wer das **Olveston Historic Home** besichtigen will. Die prachtvolle Stadtvilla von 1904 birgt einer Schatztruhe gleich Kostbarkeiten aus der ganzen Welt. In 35 Zimmern ist zu bestaunen, wie reiche Unternehmer um die Jahrhundertwende lebten (42 Royal Tce., Besichtigung nur im Rahmen von geführten Touren tgl. 9.30, 10.45, 12, 13.30, 14.45 und 16 Uhr, Anmeldung erforderlich unter Tel. 03-477 3320 oder www.olveston.co.nz, 22 NZ$).

OTAGO PENINSULA 11

Was die lang gezogene Halbinsel im Osten Dunedins zu bieten hat, ist an einem Tag kaum zu schaffen. Unbedingt auf dem Programm stehen sollte ein Besuch in **Larnach Castle,** dem 1871 erbauten einzigen Schloss Neuseelands. In den dicken Mauern spielte sich eine Familientragödie ab, die mit dem Selbstmord des ruinierten Schlossherrn und Politikers ausgerechnet im Parlamentsgebäude in Wellington endete (Camp Road, tgl. 9–17, Park Okt.–März 9–19 Uhr, www.larnachcastle.co.nz, 34 NZ$, Park 17 NZ$).

Pinguine, Robben, Seelöwen und verschiedene Seevogelarten, darunter Königsalbatrosse, leben auf der Halbinsel in Kolonien. Am **Penguin Place** führt die ansässige Farmerfamilie kleine Gruppen in tunnelartigen Gängen durch die Kolonie der seltenen Gelbaugen-Pinguine (Harington Point Rd., mehrmals tgl., Tel. 03-478 0286, www.penguinplace.co.nz, 90 Min., 55 NZ$). Oder man fährt an der Nordspitze der Halbinsel mit Geländewagen von Natures Wonders zu Pinguinen und Robben, am besten ab ca. 3 Std. vor Einbruch der Dunkelheit (Tel. 0800-246 446, www.natureswonders.co.nz, 99 NZ$, mit Bus 45 NZ$).

Krönung ist ein Besuch des **Royal Albatross Centre** am Taiaroa Head, auch wenn man die stattlichen Vögel nur aus der Distanz eines Unterstandes beobachten kann. Am faszinierendsten ist dies im März, dann sind die Küken etwa zwei Monate alt (Infozentrum tgl. 10.15 Uhr bis Sonnenuntergang, Touren ab 11, Winter ab 10 Uhr, Reservierung empfohlen, Tel. 03-478 0499, www.albatross.org.nz, 1 Std., 52 NZ$).
> mehr S. 15 Punkt **21**

> mehr S. 15 Punkt **21**

INFO
i-SITE Visitor Information Centre
• 50 The Octagon | Dunedin
  Tel. 03-474 3300 | www.dunedinnz.com

HOTELS
Die meisten Motels und B & Bs findet man entlang der George Street.

Fletcher Lodge €€€
Historischer Bau von 1924; anspruchsvolle naturkundliche Touren in Zusammenarbeit mit Nature Guides Otago.
• 276 High St. | Dunedin
  Tel. 03-477 5552 | www.fletcherlodge.co.nz

Larnach Lodge & Stable Stay €€–€€€
Schöne Anlage auf dem Schlossgelände. Von den 12 individuell mit Antiquitäten ausgestatteten Zimmern genießt man eine gute Aussicht. Dinner im Castle möglich.
• 145 Camp Rd. | Otago Peninsula
  Tel. 03-476 1616
  www.larnachcastle.co.nz

Bei Moeraki liegen tonnenschwere Riesenkugeln über den Strand verteilt

Portobello Village Tourist Park €–€€
Gut gelegen für Ausflüge auf der Halbinsel.
Campingplatz und Tourist Flats.
• 27 Hereweka St. | Portobello
  Tel. 0800-767 867
  www.portobellopark.co.nz

RESTAURANTS / NIGHTLIFE
Die meisten Restaurants und Kneipen befinden sich rund um das **Octagon** und,
preiswerter, an der **George Street** zwischen Albany und Hanover Streets. Tollen
Kaffee serviert **Mazagran** (36 Moray Pl.).
Im Vorort St. Clair empfiehlt sich das **Esplanade Restaurant** €€–€€€ (2 Esplanade,
Tel. 03-456 2544, www.esplanade.co).

1908 Cafe €€
Hier kommt Bewährtes in nostalgischem
Ambiente auf den Teller.
• 7 Harington Point Rd. | Portobello
  Tel. 03-478 0801 | www.1908cafe.co.nz

AUSFLÜGE VON DUNEDIN

TAIERI GORGE RAILWAY
Vom Bahnhof in Dunedin starten
historische Züge u. a. zu Fahrten
nach **Port Chalmers/Waititi,** vorbei an schönen Buchten und Stränden (Seasider, 90 Min., 60 NZ$),
oder durch die **Taieri Gorge,** eine
wildromantische Schlucht mit vielen Tunneln und Viadukten. Meist
endet diese Tour in **Pukerangi,**
zweimal pro Woche macht der Zug
20 km weiter in **Middlemarch** kehrt
(4 Std., ab 105 NZ$, Reservierung
für beide unter Tel. 03-477 4449,
www.dunedinrailways.co.nz). Rä-
der werden gratis transportiert,
denn viele Fahrgäste wollen damit

ab Middlemarch dem **Rail Trail**
(www.otagocentralrailtrail.co.nz)
entlang einer alten Bahntrasse bis
nach **Clyde** › S. 133 folgen.

MOERAKI BOULDERS 37 ▮ E16
75 km nördlich von Dunedin, unweit vom SH 1 liegen am Strand die
Moeraki Boulders – tonnenschwere
Felsbrocken von bis zu 4 m Umfang, vermutlich über 60 Mio. Jahre
alt. Die Maori sehen in ihnen versteinerte Vorratskörbe aus den Kanus ihrer in Neuseeland gestrande-
ten Vorfahren.

RESTAURANT
Fleur's Place €€
Tolles Fischrestaurant im Dorf Moeraki.
Räucherfisch kann auch mitgenommen
werden. Am Abend unbedingt reservieren!
› Seitenblick S. 29.
• 169 Haven St. | Moeraki
  Tel. 03-439 4480 | www.fleursplace.com

SOUTHLAND

CATLINS
Durch die weitgehend naturbelassene Küstenlandschaft weist die aus-
geschilderte **Southern Scenic Route** (www.southernscenicroute.co.nz)
die schönste Route. Bereits 14 km
hinter **Balclutha** 38 ▮ D17 geht es
links ab zum **Kaka Point,** einem
langen, noch sehr ursprünglichen
Strand, an dem Treibholzhaufen von
heftiger Brandung zeugen. Ca. 8 km
weiter ragen die leuchtturmgekrön-
ten Klippen von **Nugget Point** steil
aus dem Ozean. Auf den umliegenden Felsen dösen Robben, Seelöwen und See-Elefanten.

Kurz hinter **Owaka** 39 ◖ D17 zweigt die Zufahrt in die **Jack's Bay** ab. Auf dem entlegenen wilden Strand stehen lediglich ein paar Holzbuden. Eine 30-minütige Wanderung durch Schafweiden endet am Wasser sprühenden **Jack's Blowhole** (Sept./Okt. gesperrt, Infos über die Gezeiten im Owaka Visitor Centre).

Die Weiterfahrt über **Ratanui** ermöglicht den Besuch der im Regenwald tosenden **Purakaunui-Wasserfälle**. In **Papatowai** 40 ◖ D17 trifft die Straße wieder auf den SH 92. Hier zeigt die **Lost Gypsy Gallery** exzentrische Kunstobjekte in einem alten Wohnmobil (Nov.–April Do bis Di 10–17 Uhr, www.thelostgyp sy.com). Entlang des Highway bieten sich immer wieder schöne Ausblicke auf die Küste, z. B. auf die ehemalige Walfangstation in der **Tautuku Bay** mit feinem Sandstrand. Nebenan am ebenso schönen **Waipati Beach** liegen die bis zu 30 m hohen **Cathedral Caves** 41 ◖ D17, die nur bei Ebbe zugänglich sind.

Eine schmale Küstenstraße zweigt zum verschlafenen Badeort **Waikawa** 42 ◖ D17 ab. Unterhalb der stürmischen Steilküste in der **Curio Bay** kann man bei Ebbe versteinerte Baumstämme bewundern.

Von **Otara** führt ein schmaler Weg zum strahlend weißen Leuchtturm am **Waipapa Point**, einer wilden, atemberaubend schönen Klippenküste mit Sandstrand.

INFO

Visitor Information Centre
• 10 Campbell St. | Owaka
Tel. 03-415 8371 | www.catlins.org.nz

HOTELS

Newhaven Holiday Park €
Kleine Campsite an der Surat Bay mit Zugang zu Seelöwen. Einfache Cabins.
• 324 Newhaven Rd. | Surat Bay (5 km von Owaka) | Tel. 03-415 8834
www.newhavenholiday.co.nz

Tumu Toka CurioScape €
Einfacher Campingplatz in traumhafter Lage am Meer, unweit der versteinerten Bäume. Kleiner Lebensmittelladen.
• 590 Waikawa–Curio Bay Rd. | Waikawa
Tel. 03-246 8897 | www.curioscape.co.nz

INVERCARGILL 43 ◖ C17

Die südlichste Stadt des Landes, mit eigenem Flugplatz und dem großen Frachthafen in Bluff, leidet darunter, den meisten Touristen lediglich als Sprungbrett nach Stewart Island › S. 143 zu dienen. Doch Invercargill kann man auch um seiner selbst willen mögen. Die Atmosphäre ist relaxt und gastfreundlich und mit dem **Oreti Beach** hat die Stadt trotz widriger Temperaturen sogar einen attraktiven Badeplatz. Das **Southland Museum & Art Gallery** wird wegen mangelnder Erdbebensicherheit umgebaut und bleibt für längere Zeit geschlossen (108 Gala St., www.southlandmuseum.com).

INFO

i-SITE Visitor Information Centre
• Wachner Place | Invercargill
Tel. 03-211 0895 | www.southlandnz.com

HOTELS

Ascot Park Hotel €€
Weitläufige Anlage mit Hallenschwimmbad, Sauna und Spa.

- Racecourse Road/Tay Street
  Invercargill | Tel. 0800-272 687
  www.ascotparkhotel.co.nz

Invercargill Top 10 Holiday Park €
Auch Cabins und Motel-Units in weitläufiger Gartenanlage.
- 77 McIvor Rd. | Invercargill
  Tel. 0800-486 873
  www.invercargilltop10.co.nz

RESTAURANTS
Cabbage Tree €€
Biergarten und sehr gutes Restaurant,
5 Fahrminuten von der City entfernt.
- 379 Dunns Rd. | Otatara | Tel. 03-215 1443
  www.thecabbagetree.com

The Rocks Cafe €€
Eines der besten Restaurants der Stadt mit neuseeländischer Küche »vom Land«.
- 101 Dee St. | Invercargill
  Tel. 03-218 7597 | www.shop5rocks.co.nz

STEWART ISLAND

So klein sie auch sein mag – mit 1746 km² ist Stewart Island die drittgrößte neuseeländische Insel (www.stewartisland.co.nz). Immerhin rund 750 km misst die buchtenreiche Küstenlinie, doch nur ein Bruchteil davon ist besiedelt. Die meisten Neuseeländer setzen im Lauf ihres Lebens nie einen Fuß auf das Eiland. Doch begeisterte Wanderer, Naturliebhaber und vor allem Vogelkundler kommen immer wieder nach Rakiura, wie die Maori die Insel in ihrer Sprache nennen.

In der **Halfmoon Bay,** einer bezaubernden Bucht mit der einzigen Ortschaft **Oban** 44 📘 C18, leben fast

DIE REIZVOLLSTEN STRÄNDE

- Die dramatische Szenerie am dunklen, von schroffen Klippen gerahmten **Piha Beach** im Westen Aucklands diente als Drehort für den Kinohit »Das Piano« › S. 73.
- Weicher heller Sand so weit das Auge reicht lässt darüber hinwegsehen, dass es sich beim **Ninety Mile Beach** im Northland längenmäßig um eine Mogelpackung handelt › S. 78.
- **Hot Water Beach** ist bei Ebbe zweifelsohne der heißeste Tipp auf der Coromandel Peninsula, ansonsten stiehlt die benachbarte **Cathedral Cove** allen anderen Stränden die Schau › S. 81.
- Taurangas Stadtteil **Mount Maunganui** ist ein einziges Strandvergnügen mit kilometerlangen Sanddünen an der Pazifikküste › S. 93.
- Das Wellenspiel an Christchurchs **Sumner Beach** kommt Surfern gerade recht, schön zu beobachten am Rock, einem mitten im Sand platzierten Felshügel › S. 116.
- Die malerische Badebucht am **Kaiteriteri Beach** gibt einen Vorgeschmack auf den Abel Tasman National Park und seine bezaubernden Strände, zu denen hier Boote verkehren › S. 121.
- Ein makelloser Sandstrand in der Sidney Cove und kein Mensch weit und breit: **Ulva Island** heißt die kleine Robinsonade, zu der man sich von Stewart Island mit dem Boot bringen lässt › S. 144.

alle der rund 450 Insulaner, miteinander verbunden durch nur 20 km Straße. Der Rest der Insel muss zu Fuß erobert werden. Zu den wenigen historischen Sehenswürdigkeiten gehört das **Rakiura Museum,** das sich der Inselgeschichte widmet (Ayr Street, Mo–Sa 10–13, So 12–14 Uhr, www.rakiuramuseum.co.nz, 2 NZ$).

Kurze Wanderungen führen zivilisationsnah an und um die Halfmoon Bay. Doch die weitaus meisten Besucher wollen tagelang durch die Wildnis wandern. Da die Pfade stets durchnässt und daher rutschig sind, sollte man auf entsprechende Ausrüstung und Kondition achten. Für den 125 km langen **North West Circuit** muss man 11 anstrengende Tage einplanen, mühsam ist auch der 8-tägige **Southern Circuit.** Der **Rakiura Track** dauert drei Tage und ist mit Holzbohlen befestigt › S. 138. Die beliebten Touren zur Kiwi-Beobachtung sollten lange im Voraus gebucht werden (www.stewartisland experience.co.nz, 4 Std., 199 NZ$).

INFO

DOC Rakiura National Park Visitor Centre
- 15 Main Rd. | Stewart Island
  Tel. 03-219 0009 | www.doc.govt.nz

Oban Visitor Centre
- 12 Elgin Tce. | The Red Shed | Oban
  Tel. 0800-000 511
  www.stewartisland.co.nz, www.stewart islandexperience.co.nz

VERKEHRSMITTEL

- **Flug: Stewart Island Flights** verbindet Invercargill mit Oban (Tel. 03-218 9129, www.stewartislandflights.com).

- **Schiff:** Dreimal tgl. verbindet die von **Stewart Island Marine** betriebene Personenfähre Bluff auf der Südinsel mit Oban auf Stewart Island (Tel. 0800-000 511, www.stewartislandexperience.co.nz).
  Wassertaxis fahren nach Ulva Island und verkehren entlang der Wanderpfade (Aihe, Tel. 03-219 1066, www.aihe.co.nz, oder Rakiura Charters, Tel. 0800-725 487, www.rakiuracharters.co.nz).

HOTEL / RESTAURANT

South Sea Hotel €€
Zimmer mit Blick auf die Bucht, gute Hausmannskost mit frischem Fisch.
- 26 Elgin Tce. | Oban
  Tel. 03-219 1059
  www.southseahotel.co.nz

AUSFLUG NACH ULVA ISLAND

Ein kleiner Inselhüpfer von Halfmoon Bay und man hat wieder Land unter den Füssen: Auf der unbewohnten Ulva Island im Paterson Inlet sind seltene Vogelarten zu Hause, die Küste säumt ein makelloser Strand, über die Insel führt ein Waldlehrpfad. Das alte **Postamt,** dem der Naturforscher Charles Traill vorstand, war bis 1922 in Betrieb. Die Bootstouren führen vorbei an einer **Lachsfarm,** wo die Fische in 15 °C kühlem Wasser gedeihen (z. B. über Ruggedy Range, Tel. 03-219 1066, www.ruggedyrange.com, 4,5 Std. 140 NZ$, 8,5 Std. 265 NZ$, Inselumrundung mit dem Seekajak 295 NZ$). Wer den Ausflug auf eigene Faust unternehmen will, bestellt ein Wassertaxi › s. oben.

EXTRA-TOUREN

Im Tongariro National Park grenzt
immergrüner Regenwald mit riesigen
Baumfarnen an karge Geröllhänge

GROSSE NEUSEELAND-RUNDREISE

ROUTE: Auckland › Bay of Islands › Waipoua Forest › Waitomo Caves › Rotorua › Taupo › Tongariro National Park › Wellington › Abel Tasman National Park › West Coast › Wanaka › Queenstown / Milford Sound › Dunedin › Aoraki Mount Cook › Lake Tekapo › Christchurch / Kaikoura

KARTE: Klappe hinten

DAUER: 28 Tage (ca. 3600 km). **Auckland** › **Bay of Islands** ca. 4 Std.; **Bay of Islands** › **Waipoua Forest** › **Auckland** ca. 7 Std.; **Auckland** › **Waitomo Caves** ca. 4 Std.; **Waitomo Caves** › **Rotorua** ca. 3 Std.; **Rotorua** › **Taupo** › **Tongariro NP** ca. 4 Std.; **Tongariro National Park** › **Wellington** ca. 6 Std.; **Wellington** › **Picton (Fähre)** ca. 3,5 Std.; **Picton** › **Nelson** › **Abel Tasman National Park** ca. 3,5 Std.; **Abel Tasman National Park** › **Punakaiki** › **Greymouth** ca. 7 Std.; **Greymouth** › **Franz Josef Glacier** ca. 3,5 Std.; **Franz Josef Glacier** › **Wanaka** ca. 6 Std.; **Wanaka** › **Queenstown** ca. 1,5 Std.; **Queenstown** › **Dunedin** ca. 5 Std.; **Dunedin** › **Aoraki Mt. Cook** ca. 5,5 Std., **Aoraki Mt. Cook** › **Lake Tekapo** › **Christchurch** ca. 5,5 Std.

VERKEHRSMITTEL:

Der größte Teil der Reise erfolgt im Mietwagen (Pkw/Wohnmobil), zwischen Nord- und Südinsel verkehrt eine Autofähre › **S. 28, 101**. Für den Abstecher zum Milford Sound empfiehlt sich ein Flugzeug ab Queenstown.

Den Auftakt der Tour bildet **Auckland** › S. 67 mit seinem sehr weltstädtisch anmutenden Zentrum rund um den Hafen. Von hier geht es weiter zur **Bay of Islands** › S. 75, einer malerischen, mit mehr als 150 grünen Inselchen gesprenkelten Bucht. Für dieses Urlaubsparadies sollte man sich, einschließlich eines Abstechers zum stürmischen **Cape Reinga** › S. 78, mindestens zwei Tage Zeit nehmen. Nächste Touretappe ist die Kauri Coast, wo im **Waipoua Forest** › S. 78 Neuseelands größte Bestände an Kauri-Bäumen erhalten sind. Über Auckland geht die Fahrt nun südwärts zu den **Waitomo Caves** › S. 83, einem Höhlensystem mit unterirdischen Flüssen, das man per Boot erkunden kann. Einen Aufenthalt von zwei bis drei Tagen lohnen **Rotorua** › S. 86 und seine vulkanisch geprägte Umgebung; **Taupo** › S. 90 lockt mit Thermalbädern und einem riesigen Kratersee. Wer im **Tongariro National Park** › S. 91 übernachtet, kann anderntags auf der Wanderung Tongariro Crossing die Mondlandschaft des Parks mit seinen rauchenden Kratern, erstarrten Lavaströmen und heißen Quellen erkunden. Letzte Station auf der Nordinsel ist Neuseelands

Hauptstadt **Wellington** › S. 99, das sich in den letzten Jahren zum Kultur- und Lifestyle-Zentrum gemausert hat.

Von hier setzt man mit der Fähre nach **Picton** › S. 119 auf der Südinsel über, um über die quirlige Hafenstadt **Nelson** › S. 120 zum **Abel Tasman National Park** › S. 121 zu gelangen. Die zauberhafte Küstenlandschaft mit ihren feinsandigen, von dichtem Grün umrahmten Buchten wird von einem Netz gut markierter Wanderwege erschlossen. Mit **Punakaiki** › S. 124 und **Greymouth** › S. 125 erreicht man die West Coast, für die man angesichts von Highlights wie dem **Franz Josef Glacier** › S. 126 drei Tage veranschlagen sollte. Über den Haast Pass geht es nun ins Landesinnere, wo die sonnenverwöhnte Seenlandschaft von Central Otago mit freundlichen Ferienorten zum Verweilen einlädt. Touristische Zentren der Region sind **Wanaka** › S. 132 und **Queenstown** › S. 129, wo neben zahlreichen Outdoor-Aktivitäten auch Flüge zum berühmten **Milford Sound** › S. 136 angeboten werden, die einen halben Tag in Anspruch nehmen. Das historische Zentrum von **Dunedin** › S. 139 mit seinen eleganten Bürgerhäusern des 19. Jhs. ist zumindest einen kurzen Stadtrundgang wert, die benachbarte **Otago Peninsula** › S. 139 mit ihrer Kolonie von Königsalbatrossen verlangt nach einem ganzen Tag Aufmerksamkeit. Zu Füßen des Bergriesen **Aoraki Mount Cook** › S. 127 sollte man übernachten, um am nächsten Morgen Touren in die Hochgebirgslandschaft zu unternehmen. Der bezaubernde **Lake Tekapo** › S. 128 liegt am Weg nach **Christchurch** › S. 113; das urbane Zentrum der Südinsel ist Ausgangspunkt für einen finalen Tagesausflug nach **Kaikoura** › S. 118 zur Walbeobachtung.

HÖHEPUNKTE NEUSEELANDS

ROUTE: Auckland › Rotorua › Christchurch / Kaikoura › Aoraki Mt. Cook › Queenstown / Milford Sound › Auckland
KARTE: Klappe hinten
DAUER: 14 Tage (ca. 2700 km). **Auckland** › **Rotorua** ca. 4,5 Std.; **Rotorua** › **Christchurch (Flug)** ca. 1,5 Std., **Christchurch** › **Aoraki Mt. Cook** ca. 5,5 Std.; **Aoraki Mt. Cook** › **Queenstown** ca. 5,5 Std.; **Queenstown** › **Auckland (Flug)** ca. 1,5 Std.
VERKEHRSMITTEL:
Die Strecke Auckland–Rotorua kann auch mit dem Bus zurückgelegt werden, auf der Südinsel (Christchurch) empfiehlt sich die Anmietung eines Pkw. Der Flug Rotorua–Christchurch spart viel Zeit, der abschließende Rückflug von Queenstown nach Auckland ist sinnvoll, weil hier fast alle internationalen Airlines landen.

Nach zwei Tagen in der Metropole **Auckland** › S. 67 geht es per Bus oder Mietwagen weiter nach **Rotorua** › S. 86, wo man vulkanische Phänomene unter-
schiedlichster Art und lebendige Maori-Kultur kennenlernen kann. Der Flug
nach **Christchurch** › S. 113 lässt bald die Südinsel zu Füßen liegen. Sicherlich
noch viele Jahre wird der Wiederaufbau des beim Erdbeben 2011 stark zerstörten Stadtzentrums in Anspruch nehmen. Ein lohnender Tagesausflug,
evtl. mit dem Zug, führt nach **Kaikoura** › S. 118, wo man Wale beobachten
kann. Anschließend steuert man mit dem Pkw die Southern Alps im Insel-
inneren an. Eine Übernachtung zu Füßen des **Aoraki Mount Cook** › S. 127 gibt
Gelegenheit, am frühen Morgen kurze Wanderungen oder einen Rundflug zu
unternehmen und dennoch vor Einbruch der Dunkelheit **Queenstown**
› S. 129 zu erreichen. Der lebhafte Ferienort ist Ausgangspunkt für Ausflüge zu
den Naturschönheiten in der Umgebung, inklusive eines halbtägigen Fluges
zum **Milford Sound** › S. 136. Man sollte also ruhig drei bis vier Tage verweilen,
bevor es mit dem Flieger zurück nach Auckland und außer Landes geht.

NATURPARADIES NEUSEELAND

ROUTE: Auckland / Waitakere Ranges › Coromandel Peninsula › Whakatane › Gisborne
› Napier › Christchurch › Dunedin › Catlins › Invercargill / Stewart Island › Te Anau ›
Milford Sound / Doubtful Sound › Queenstown › Aoraki Mt. Cook › Christchurch
KARTE: Klappe hinten
DAUER: 21 Tage (ca. 3020 km, teilweise mit dem Flugzeug). **Auckland** › **Coromandel
Peninsula** ca. 2,5 Std.; **Coromandel Peninsula** › **Whakatane** ca. 5 Std.; **Whakatane** ›
East Cape › **Gisborne** ca. 7 Std.; **Gisborne** › **Napier** ca. 4 Std.; **Napier** › **Christchurch
(Flug)** ca. 1,5 Std.; **Christchurch** › **Dunedin** ca. 6 Std.; **Dunedin** › **Owaka / Catlins** ca.
2,5 Std.; **Owaka / Catlins** › **Invercargill / Stewart Island** ca. 4 Std. plus 1 Std. Fähr-
überfahrt bzw. 20 Min. Flug; **Invercargill** › **Te Anau** ca. 4 Std.; **Te Anau** › **Milford
Sound** › **Te Anau** ca. 4,5 Std.; **Te Anau** › **Queenstown** ca. 3,5 Std.; **Queenstown** ›
Aoraki Mt. Cook ca. 5,5 Std.; **Aoraki Mt. Cook** › **Christchurch** ca. 5,5 Std.
VERKEHRSMITTEL:
Für das Fahrzeug von Auckland nach Napier muss man eine Einwegmiete vereinba-
ren. Der Flug zur Südinsel hat Christchurch zum Ziel, wo sich die Anmietung eines
Wohnmobils empfiehlt, um in touristisch weniger erschlossenen Gegenden wie den
Catlins unabhängig zu sein von Unterkünften. Bei dem Inselhüpfer nach Stewart Is-
land hat man die Wahl zwischen einem 20-minütigen Flug ab Invercargill oder der
einstündigen, oft sehr ungemütlichen Fährüberfahrt ab Bluff › S. 112, 144.

Wer ins Innere der Coromandel-Halbinsel vordringt, findet noch weitgehend intakte Natur

Auf dieser Tour wandert man durch dichten Regenwald oder über wilde Strände, bezwingt schroffe Berge, beobachtet Pinguine, Robben und Albatrosse und findet immer wieder Einsamkeit fern der Haupttouristen-Routen. Die üppig grünen Hügel der **Waitakere Ranges** › S. 72 sind einen Tagesausflug ab **Auckland** › S. 67 wert, bevor die Fahrt nach Westen geht, zu einem landschaftlichen Kleinod, der **Coromandel Peninsula** › S. 79. An den von schroffen Klippen umrahmten Traumstränden der Halbinsel kann man gut zwei Tage verbringen. Nächste Touretappe ist der beschauliche Küstenort **Whakatane** › S. 93 wo man übernachtet, um anderntags einen Trip zur Vulkaninsel **White Island** › S. 95 zu unternehmen. Anschließend folgt man dem kurvenreichen Pacific Coast Highway (Hwy. 35) bis zum **East Cape** › S. 95, dem östlichen Punkt Neuseelands, und weiter nach **Gisborne** › S. 96, der östlichen Stadt des Landes. Wenn man unterwegs des Öfteren in verträumte Buchten wie Anaura oder Waipiro Bay abzweigt, dauert die Tagesetappe entsprechend länger. Für eine Zwischenübernachtung bietet sich z. B. **Te Puia Springs** › S. 95 an. Mindestens zwei Tage sind für **Napier** › S. 97 und die Tölpelkolonie am nahen **Cape Kidnappers** › S. 98 zu veranschlagen. Um so kürzer wird die Reise zur Südinsel: Gleich nach der Landung in **Christchurch** › S. 113 geht es per Mietwagen weiter zur von Seevögeln okkupierten **Otago Peninsula** › S. 139 bei **Dunedin** › S. 139. Für die größte Stadt der Südinsel selbst sollte nach der Rückkehr bzw. vor dem Heimflug etwas Zeit bleiben. Durch die hügeligen **Catlins** › S. 141 mit ihren ausgedehnten Wäldern und tosenden Wasserfällen führt die kurvige **Southern Scenic Route,** berührt dabei immer wieder auch die zerklüftete Küste mit von Felsen umrahmten einsamen Sandbuchten. Eilige können an einem Tag bis **Invercar-**

Stewart Island ist ein dünn besiedeltes Naturparadies in der Foveaux Strait

gill › S. 142 durchfahren. Doch den besonderen Charme der menschenarmen Gegend bekommt man nur zu spüren, wenn man hier ein oder zwei Nächte verbringt, beispielsweise in **Owaka** › S. 142, und den Sonnenaufgang an einem der wilden Strände erlebt. **Stewart Island** › S. 143 kann man im Rahmen eines Tagesausfluges kennenlernen, für eine ausgedehntere Wanderung oder Kiwi-Beobachtungen sind zwei Tage das Minimum. Bei der anschließenden Weiterfahrt nach **Te Anau** › S. 134 folgt man entweder weiter der Southern Scenic Route, auf kurvenreichen Nebenstraßen durch einsames Terrain, oder man entscheidet sich für die schnellere Route über den SH 6. Der Abstecher zum **Milford Sound** › S. 136, hin und zurück auf der Milford Road, nimmt samt Bootstrip durch die stille Fjordlandschaft einen ganzen Tag in Anspruch und macht zwei Übernachtungen in Te Anau notwendig. Nun geht es wieder Richtung Norden nach **Queenstown** › S. 129, wo man mit Erkundungen der herrlichen landschaftlichen Umgebung und allen erdenklichen Outdooraktivitäten problemlos zwei Tage verbringen kann. Anschließend sollte man in **Aoraki Mount Cook Village** › S. 128 bergnah übernachten, um sich am nächsten Tag nach einer Wanderung bzw. einem Rundflug über die faszinierende Hochgebirgslandschaft wieder nach Christchurch aufzumachen.

INFOS VON A–Z

ÄRZTLICHE VERSORGUNG

Der medizinische Standard ist hoch, die Versorgung mit Ärzten und Apotheken sehr gut. Vor der Abreise sollten gesetzlich Versicherte eine private Reisekrankenversicherung abschließen, die einen medizinisch notwendigen bzw. sinnvollen Rücktransport beinhaltet. Privat Versicherte sollten prüfen, ob sie für eine Reise ins außereuropäische Ausland ausreichend abgesichert sind. Die New Zealand Accident Compensation (ACC) sorgt bei einem Unfall für kostenlose medizinische Behandlung, auch für Touristen.

BARRIEREFREIES REISEN

Viele öffentliche Gebäude und Sehenswürdigkeiten sind barrierefrei zugänglich, das DOC weist für Rollstuhlfahrer geeignete Wege in den Nationalparks aus. Unterstützung bieten die Websites www.enable.co.nz und www.firstport.co.nz.

DIPLOMATISCHE VERTRETUNGEN

IN EUROPA:

- **Neuseeländische Botschaft,** Friedrichstr. 60, 10117 Berlin, Tel. 030/20 62 10, Fax 20 62 11 14, www.nzembassy.com/germany
- **NZ Trade and Enterprise,** Zürich-Haus, Domstr. 19, 20095 Hamburg, Tel. 040/442 55 50, www.nzte.govt.nz
- **Neuseeländisches Generalkonsulat,** 2 Chemin des Fins, 1211 Genf, Tel. 022/929 03 50, Fax 929 03 77, www.nzembassy.com/switzerland

IN NEUSEELAND:

- **Deutsche Botschaft,** 90–92 Hobson St., Wellington, Tel. 04-473 6063, Fax 473 6069, Notfall-Tel. 021-651 987 (bis 24 Uhr), www.wellington.diplo.de
- **Österreichisches Generalkonsulat,** 75 Ghuznee St., Wellington, Tel. 021-535 510, www.austria.org.au
- **Schweizerische Botschaft,** 10 Customhouse Quay, Wellington, Tel. 04-472 1593, Fax 499 6302, www.eda.admin.ch/wellington

EINREISE

Mit Reisepass (mindestens einen Monat über den vorgesehenen Aufenthaltszeitraum hinaus gültig) und Rückflugticket erhält man bei der Einreise ein drei Monate gültiges Visitor Permit, das vom Immigration Service in Neuseeland auf bis zu 12 Monate verlängert werden kann. Bei einem Stopover in Asien muss der Reisepass noch mindestens sechs Monate lang gültig sein. Manchmal sind ausreichende Geldreserven für den Aufenthalt in Neuseeland nachzuweisen. Ab Oktober 2019 müssen die meisten NZ-Touristen aus bisher visabefreiten Staaten eine **Electronic Travel Authority (ETA)** für 9 NZ$ (mobile App) bzw. 12 NZ$ (Internetseite) und zeitgleich auch die **International Visitor Conservation and Tourism Levy (IVL)** für 35 NZ$ beantragen. Geltungsdauer: jeweils zwei Jahre. Info und Beantragung unter www.immigration.govt.nz/new-zealand-visas/apply-for-a-visa. Impfungen sind nur für Reisende vorgeschrieben, die aus Seuchengebieten kommen (relevant bei Stopover-Aufenthalten).

ELEKTRIZITÄT

Für die in Neuseeland üblichen dreipoligen Flachstecker benötigt man einen Adapter, der vor Ort in fast allen Koffer- und Elektrogeschäften oder Dutyfreeshops erhältlich ist. Die Stromspannung beträgt 230 Volt bei 50 Hertz, kein Problem für europäische Elektrogeräte.

FEIERTAGE (NUR GESETZLICHE) UND SCHULFERIEN

Neujahr (1./2. Jan.); Waitangi Day (6. Febr.); Karfreitag (Good Friday) und Ostermontag; ANZAC-Day/Heldengedenktag (25. April); Queen's Birthday/Geburtstag der englischen Königin (1. Montag im Juni); Labour Day (letzter Montag im Okt.); Christmas Day (25. Dez.); Boxing Day (26. Dez.).

Ferien: Mitte Dez.–Ende Jan.; Anf./Mitte April (zwei Wochen); Anf. Juli (zwei Wochen); Mitte–Ende Sept. (zwei Wochen).

FOTOGRAFIEREN

Digitale Bilder lassen sich vielerorts in Internetcafés ausdrucken bzw. auf CD/DVD brennen. Filme und Speicherkarten sind teurer als hierzulande. Die grellen Lichtverhältnisse in Neuseeland machen den Einsatz von Filtern sinnvoll.

GELD UND WÄHRUNG

Offizielle Landeswährung ist der Neuseeland-Dollar (1 NZ$ = 100 Cents). Wichtigstes Zahlungsmittel auch bei kleinen Beträgen ist die Kreditkarte. Bargeld kann man mit Bank- oder Kreditkarte und PIN an Geldautomaten (ATMs) abheben (über anfallende Gebühren informiert die kartenausgebende Gesellschaft) oder in Banken wechseln; Kurs (Stand März 2019):

┌─── 💬 URLAUBSKASSE ───┐

- Tasse Milchkaffee
  (Latte)   4,50 NZ$
- 1 l Mineralwasser   1,30 NZ$
- Glas Bier (0,5 l)   5,50 NZ$
- Fish 'n' Chips   7,50 NZ$
- Burger   6 NZ$
- Kugel Eis   2 NZ$
- Taxifahrt (10 km)   30 NZ$
- 1 l Superbenzin   2,10 NZ$
- 1 l Diesel   1,50 NZ$
- Mietwagen
  (Pkw pro Tag)   ca. 60 NZ$

1 € = 1,65 NZ$, 1 CHF = 1,46 NZ$; 1 NZ$ = 0,61 € bzw. 0,69 CHF (tagesaktuelle Kurse unter www.oanda.com, Links »Währungsrechner«, »Umrechner«).

Für die Einfuhr von Devisen bestehen keine Beschränkungen; Bargeldbeträge von über 10 000 NZ$ müssen aber deklariert werden.

GESUNDHEIT

Dem Menschen gefährliche Tiere gibt es nicht. Lästig werden können Insektenstiche (Moskitos und Sandflies). Vorsicht ist beim Genuss von Wasser in der freien Natur geboten: Viele der glasklaren Flüsse und Bäche sind vom Giardia-Parasiten befallen, etliche auch von Escherichia-coli-Bakterien. > mehr S. 19 Punkt ④⑦ Beim Baden in Thermalquellen besteht die Gefahr einer Infektion mit Amöben-Meningitis. Da die Übertragung über die Mund- und Nasenschleimhäute bzw. die Augen erfolgt, beugt vor, wer im Untertauchen vermeidet. Vor allem zwischen 10 und 16 Uhr ist es ratsam, sich gegen die starke UV-Strahlung zu schützen. > mehr S. 18 Punkt ④②

INFORMATIONEN

Neuseeland unterhält zzt. kein Fremdenverkehrsamt in Deutschland. Infos bekommt man über das Internet (www.newzealand.com).

Vor Ort sorgen mehr als 60 i-SITE Visitor Information Centres für die Touristen. In Nationalparks informieren DOC Visitor Centres über Wanderwege und Aktivitäten (www.doc.govt.nz/visitorcentres).

INTERNET

Einen Internet-Anschluss findet man in Neuseeland fast an jeder (zivilisierten) Ecke, vor allem aber in den Visitor Information Centres, in öffentlichen Bibliotheken, in Schnellrestaurants, in der Nähe von Backpacker-Quartieren, in Motels und auf Campingplätzen.

JETLAG (FLUGSYNDROM)

Pro Tag, heißt es, baut der menschliche Organismus 2 Std. Zeitunterschied ab. Jetlag lässt sich minimieren, indem man während des Flugs viel trinkt (keinen Alkohol) und auf eiweißreiche Nahrung verzichtet. Bei einem Flug über Amerika kommt man in Neuseeland meist frühmorgens an. Wer bis zum frühen Abend aufbleibt, passt sich besser an den neuen Rhythmus an. Wenn ein Stopover ↗ S. 26 aus Zeitgründen nur auf einer Strecke in Frage kommt, solte man ihn auf dem Rückflug einplanen.

KLEIDUNG

Wasserdichte, atmungsaktive Regenkleidung, warme Pullover und festes Schuhwerk gehören mit ins Gepäck. Alternativ bekommt man Outdoorbekleidung auch gut vor Ort. Neuseeländer kleiden sich informell, eine Krawatte wird nirgendwo verlangt. Um Gepäck zu reduzieren: In den größeren Städten gibt es ausreichend Waschsalons, und auch Motels und Campingplätze bieten fast immer Waschmaschinen und Trockner (meist nur Kaltwäsche, *cold powder* als Waschmittel verwenden).

MASSEINHEITEN

Es gilt das metrische System, aber leider nicht immer:
• 1 inch = 2,54 cm
• 1 foot = 0,30 m
• 1 yard = 91,4 cm
• 1 mile = 1,6 km
• 1 Hektar = 10 000 m⊹
• 1 km^2 = 247 acres
• 1 ounce (oz) = 28,3 g
Bei den Konfektionsgrößen steht 36 für Größe 10 in Neuseeland, 38 für 12 usw.

MEHRWERTSTEUER

In Neuseeland heißt sie Goods and Service Tax (GST). Sehr selten sind die derzeit 15 % nicht in den ausgewiesenen Preisen enthalten, sondern werden gesondert berechnet.

NOTRUF

Für Polizei, Feuerwehr und Krankenwagen gilt die (kostenfreie) Nummer 111. Die AA-Pannenhilfe erreicht man rund um die Uhr unter Tel. 0800-500 222.

ÖFFNUNGSZEITEN

Geschäfte sind von 8.30 bis 17.30 Uhr geöffnet, Fr bis 21 Uhr, Sa bis 13 Uhr (manche auch den ganzen Tag). Am So kann man v. a. in der City von Auckland, Wellington und Christchurch von 10 bis 16 Uhr einkaufen, alle Einkaufszentren sind geöffnet. Auch **Supermärkte** haben die Öffnungszeiten auf mindestens 12 Std. täglich erweitert, die Countdown-Kette hat in den großen Städten oft rund um die Uhr geöffnet. Bis spät in die Nacht, sieben Tage die Woche, bedienen die **Dairies** ihre Kundschaft; hier bekommt man die täglichen »Überlebensmittel« zu etwas höheren Preisen.

POST

Eine Luftpostkarte nach Europa kostet 2,20 NZ$, ein Luftpostbrief (bis 200 g) 2,70 NZ$. Unterwegs ist die Post in der Regel vier bis zehn Tage. Die Postämter sind Mo–Fr von 9–17 Uhr geöffnet.

SICHERHEIT

Die Kriminalität steigt leider, vor allem Aufbrüche von Pkws und Wohnmobilen auf einsamen Parkplätzen nehmen zu. ↗ mehr S. 19 Punkt **50** Es gelten die gleichen Vorsichtsregeln wie hierzulande.

SOUVENIRS

Lammfelle kauft man günstig in Napier, z. B. bei Classic Sheepskins (22 Thames St, Pandora). Die Auswahl an handgestrickten Wollwaren ist in Queenstown besonders groß. Unterschiedliche Kiwifrucht-Produkte bekommt man in Paengaroa nahe Te Puke (Kiwifruit Country ↗ S. 93). Gutes Maori-Kunsthandwerk erhält man in Rotorua und in Wellington.

Eine Riesenauswahl an Jadeschmuck gibt es in Hokitika. Outdoor-Kleidung findet man in großer Auswahl in Christchurch, Auckland und Wellington. In Deutschland ist das Neuseeland-Haus ein guter Vertrieb für hochwertige Souvenirs aus Neuseeland (Am Schlagbaum 10, 59192 Bergkamen, Tel. 02307/92 43 00, www.neuseeland-haus.de).

TELEFON

Die meisten öffentlichen Zellen funktionieren mit Telefonkarten, erhältlich z. B. in Tankstellen oder in der Dairy. Preiswert nach Hause telefoniert man mit KiaOra Phone Cards (www.compassphonecards.co.nz, ca. 1–2 NZ-Cents/Min.), mit denen man von jedem Apparat aus telefonieren kann (per Kreditkarte wieder aufladbar).

Wichtige Nummern: 010 (Local Operator), 0170 (International Operator), 018 (Inlandsauskunft), 0172 (Auslandsauskunft). Ortsgespräche von privaten Telefonanschlüssen sind kostenlos. Nummern mit der Vorwahl 0800 oder 0508 sind gebührenfrei innerhalb Neuseelands. Die Nummern von Mobil-Telefonen beginnen u. a. mit 027 oder 021.

GSM-Handys kann man mittels Roaming in Neuseeland benutzen – über die wechselnden Tarife informiert der Provider. Preiswerter kann es sein, vor dem Abflug die Rufumleitung einzuschalten und in Neuseeland für 20–40 NZ$ eine Prepaid SIM Card zu kaufen und in das Handy einzusetzen. Man hat dann eine neuseeländische Nummer und eine Mailbox. Wer von Deutschland aus anruft, zahlt nur ca. 4–10 Cent/Min. (über call-by-call). Mit der Calling Card »Cheap Chat« (erhältlich im Supermarkt, Infos unter www.prepaidcards.co.nz) kann man im Vodafone-Netz mit dem Mobiltelefon sehr preiswert nach Übersee telefonieren. Allgemeine Infos zu Prepaid-Tarifen unter www.vodafone.co.nz und www.spark.co.nz). Für reine Datentarife (z. B. für das iPad) eignen sich spezi-elle SIM-Cards von Vodafone und Spark. Beide Unternehmen haben für ihre Kunden auch diverse Telefonzellen im Land zu WLAN-Zonen ausgebaut.

Internationale Vorwahlen:
- Deutschland: 0049
- Österreich: 0043
- Schweiz: 0041
- Neuseeland: 0064

TRINKGELD

»Tipping« wird in Neuseeland nicht erwartet, auch wenn Kreditkartenabrechnungen in Restaurants ein entsprechendes Kästchen ausweisen. Bei einem außergewöhnlich guten Service kann aber ein »Tip« gegeben werden.

ZEIT

Vom letzten So im Okt. (Ende der Sommerzeit in Mitteleuropa) bis zum letzten So im März beträgt der Zeitunterschied + 12 Std., vom letzten So im März bis zum 1. So im April (Ende der Sommerzeit in Neuseeland) + 11 Std., vom 1. So im April bis zum letzten So im Sept. (Beginn der Sommerzeit in Neuseeland) + 10 Std., vom letzten So im Sept. bis zum letzten So im Okt. + 11 Std.

ZOLL

Strikt verboten ist die Einfuhr pflanzlicher und tierischer Produkte nach Neuseeland. Zollfrei sind Geschenke im Gesamtwert von 700 NZ$, 50 (!) Zigaretten oder 50 g Tabak, 3,37 l Spirituosen und 4,5 l Wein oder Bier pro Erwachsenen. Zollfrei einkaufen kann man auch nach Ankunft in Auckland (vor der Passkontrolle). Bei der Ausreise bestehen keinerlei Beschränkungen (aktuelle Infos unter www.customs.govt.nz). Bei der Wiedereinreise ins europäische Heimatland können u. a. Waren im Gesamtwert von bis zu 430 € zollfrei eingeführt werden (aktuelle Infos unter www.zoll.de).

REGISTER

BILDNACHWEIS

Coverfoto Champagne Pool in Wai-O-Tapu, Neuseeland © Getty Images/Chan, Christopher
Fotos Umschlagrückseite © stock.adobe.com/bgspix (links); dpa Picture Alliance/Phelps, Anthony (Mitte); Shutterstock/Kaestner, Timo (rechts)

AWL Images/Heeb, Christian: 145; dpa Picture Alliance/Petersen, Kim: 34; dpa Picture Alliance/Phelps, Anthony: 44; dpa Picture Alliance/Warneke, S.: 17; dpa Picture Alliance/Zwerger-Schoner, Gerhard: 14, 41; Gebauer, Bruni & Huy, Stefan: 8; Getty Images/John Crux Photography: 58/59; Getty images/Westend61: 25; Getty Images/Wright, Matthew Micah: 60; Gruber, Heidi: 92, 124; Huber Images/Rellini, Maurizio: 6/7; Huy, Stefan: 29, 30 o., 30 u.; Mauritius Images/Alamy: 13; Mauritius images/Alamy/Bentley, John: 105; Mauritius Images/Alamy/Coughlan, Liz: 150; Mauritius Images/Alamy/Picture Partners: 140; plainpicture/cgimanufaktur: 131; plainpicture/Koslowski, Andreas: 9; Shutterstock/Carnemolla, John: 43; Shutterstock/ChameleonsEye: 51, 52, 77; Shutterstock/Dudfield, Marolyn: 135; Shutterstock/EQROY: 70, 74; Shutterstock/Foltyn, Jiri: 121; Shutterstock/Friedrich, Tomek: 137; Shutterstock/googoh: 57; Shutterstock/Hesse, Shanti: 26; Shutterstock/Howey, Chris: 19; Shutterstock/Jeffers, Shaun: 15; Shutterstock/Kaestner, Timo: 49; Shutterstock/Michael W NZ: 79; Shutterstock/Napflin, Urban: 20/21; Shutterstock/Nguyen, Phuong D.: 56; Shutterstock/Ponderful Pictures: 50; Shutterstock/Pousajja, Ruklay: 106; Shutterstock/RDKNZ: 18; Shutterstock/Sabod, Nicram: 10; Shutterstock/Serbin, Dmitry: 149; Shutterstock/Sorang: 88; Shutterstock/SUPACHART: 23; Shutterstock/Szymanski, Robert: 127; Shutterstock/Titmuss, Peter: 97; Shutterstock/Yacobinski, Shay: 36/37; stock.adobe.com/bgspix: 84; stock.adobe.com/boyloso: 91; stock.adobe.com/Christoph: 103; stock.adobe.com/daboost: 117; stock.adobe.com/Lever, Andrew: 33; Wikipedia/Kinghorn, Jocelyn: 114.

Liebe Leserin, lieber Leser,
wir freuen uns, dass Sie sich für diesen POLYGLOTT on tour entschieden haben.
Unsere Autorinnen und Autoren sind für Sie unterwegs und recherchieren sehr gründlich, damit Sie mit aktuellen und zuverlässigen Informationen auf Reisen gehen können. Dennoch lassen sich Fehler nie ganz ausschließen. Wir bitten Sie um Verständnis, dass der Verlag dafür keine Haftung übernehmen kann.

Ihre Meinung ist uns wichtig. Bitte schreiben Sie uns:
GRÄFE UND UNZER VERLAG
Postfach 86 03 66, 81630 München, Tel. 0 89 / 419 819 41
www.polyglott.de

LESERSERVICE
polyglott@graefe-und-unzer.de
Tel. 0 800 / 72 37 33 33 (gebührenfrei in D, A, CH), Mo–Do 9–17 Uhr, Fr 9–16 Uhr

1. Auflage 2019

© 2019 GRÄFE UND UNZER VERLAG GmbH, München
Dieses Buch wurde auf chlorfrei gebleichtem Papier gedruckt.
ISBN 978-3-8464-0458-4

Bei Interesse an maßgeschneiderten B2B-Editionen:
gabriella.hoffmann@graefe-und-unzer.de

Bei Interesse an Anzeigen:
KV Kommunalverlag GmbH & Co. KG
Tel. 089/928 09 60
info@kommunal-verlag.de

Verlagsleitung: Grit Müller
Verlagsredaktion: Anne-Katrin Scheiter
Autoren: Bruni Gebauer, Stefan Huy
Redaktion: Anja Lehner
Bildredaktion: Marie Danner
Mini-Dolmetscher: Langenscheidt
Umschlaggestaltung & Layout:
Independent Medien Design, München
Horst Moser (Artdirection), Lucie Heselich
Karten und Pläne: Huber Kartographie GmbH
Satz: uteweber-grafik-design
Herstellung: Anna Bäumner, Gloria Schlayer
Druck und Bindung:
Printer Trento, Italien

PEFC/18-31-506

GRÄFE UND UNZER

Ein Unternehmen der
GANSKE VERLAGSGRUPPE

MINIDOLMETSCHER ENGLISCH

ALLGEMEINES

Guten Morgen.	Good morning. [gud **moh**ning]
Guten Tag. (nachmittags)	Good afternoon. [gud after**nuhn**]
Hallo!	Hello! [**hä**lloh]
Wie geht's?	How are you? [hau ah‿ju]
Danke, gut.	Fine, thank you. [fain, **θänk**‿ju]
Ich heiße ...	My name is ... [mai **nehm**‿is]
Auf Wiedersehen.	Goodbye. [gud**bai**]
Morgen	morning [**moh**ning]
Nachmittag	afternoon [after**nuhn**]
Abend	evening [**ihw**ning]
Nacht	night [nait]
morgen	tomorrow [tu**mor**roh]
heute	today [tu**deh**]
gestern	yesterday [**jes**terdeh]
Sprechen Sie Deutsch?	Do you speak German? [du‿ju spihk **dsehöh**mən]
Wie bitte?	Pardon? [**pah**dn]
Ich verstehe nicht.	I don't understand. [ai **dohnt** anderst**änd**]
Würden Sie das bitte wiederholen?	Would you repeat that please? [wud‿ju ri**piht** ðät, **plihs**]
bitte	please [**plihs**]
danke	thank you [**θänk**‿ju]
was / wer / welcher	what / who / which [wott / huh / witsch]
wo / wohin	where [wää]
wie / wie viel	how / how much [hau / hau **matsch**]
wann / wie lange	when / how long [wänn / hau **long**]
warum	why [wai]
Wie heißt das?	What is this called? [**wott**‿is ðis kohld]
Wo ist ...?	Where is ...? [**wäər**‿is ...]
Können Sie mir helfen?	Can you help me? [kän‿ju **hälp**‿mi]
ja	yes [jäss]
nein	no [noh]
Entschuldigen Sie.	Excuse me. [iks**kjuhs** miðə]
rechts	on the right [on ðə reit]
links	on the left [on ðə left]
Gibt es hier eine Touristeninformation?	Is there a tourist information? [is‿ðər‿ə **tua**rist infəmehschn]
Haben Sie einen Stadtplan?	Do you have a city map? [du‿ju häw‿ə **θi**ti mäpp]

SHOPPING

Wo gibt es ...?	Where can I find ...? [wäə kən‿ai **faind** ...]
Wie viel kostet das?	How much is this? [hau‿matsch is‿ðis]
Das ist zu teuer.	This is too expensive. [ðis‿is **tuh** iks**pänn**ßiw]
Das gefällt mir (nicht).	I like it. / I don't like it. [ai **laik**‿it / ai **dohnt** **laik**‿it]
Wo ist eine Bank / ein Geldautomat?	Where is a bank / a cash dispenser? [**wäər**‿is ə‿**bänk** / ‿ə **käsch** dis**pänn**ser]
Geben Sie mir 100 g Käse / zwei Kilo ...	Could I have a hundred grams of cheese / two kilograms of ... [kud‿ai häw‿ə **hann**drəd grämms‿əw **tschihs** / **tuh** kill**a**grämms‿əw ...]
Haben Sie deutsche Zeitungen?	Do you have German newspapers? [du‿ju häw **dseh**öhmən **njuhs**pehpers]

ESSEN UND TRINKEN

Die Speisekarte, bitte.	The menu please. [ðə **männ**ju plihs]
Brot	bread [bräd]
Kaffee	coffee [**kof**fi]
Tee	tea [tih]
mit Milch / Zucker	with milk / sugar [wið‿**milk** / **schugg**er]
Orangensaft	orange juice [**orr**əndseh‿ds**eh**uhs]
Mehr Kaffee, bitte.	Some more coffee please. [ßəm‿moh **koff**i plihs]
Suppe	soup [ßuhp]
Fisch	fish [fisch]
Fleisch	meat [miht]
Geflügel	poultry [**pohl**tri]
Beilage	sidedish [**ßai**ddisch]
vegetarische Gerichte	vegetarian food [wäds**eh**ətäriən fud]
Eier	eggs [ägs]
Salat	salad [**ßäl**əd]
Dessert	dessert [di**söht**]
Obst	fruit [fruht]
Eis	ice cream [ais **krihm**]
Wein	wine [wain]
weiß / rot / rosé	white / red / rosé [wait / räd / **roh**seh]
Bier	beer [biə]
Mineralwasser	mineral water [**minn**rəl wohter]
Ich möchte bezahlen.	I would like to pay. [ai‿wud **laik**‿tə peh]

MEINE ENTDECKUNGEN

....

....

....

....

....

....

....

....

....

....

....

....

....

....

....

....

....

....

....

Teilen Sie Ihre Entdeckungen auf facebook.com/Polyglottreisewelt.

CHECKLISTE NEUSEELAND

Nur da gewesen oder schon entdeckt?

☐ **DO-IT-YOURSELF-SPA**
Am Kawhia Hot Water Beach sickert heißes Quellwasser in den schwarzen Sand und verwandelt bei Ebbe selbstgegrabene Löcher in kleine Thermalpools. › S. 13

☐ **NACHTKREUZFAHRT AUF DEM MILFORD SOUND**
Sobald die Tagesgäste abgereist sind, kehrt eine Stille ein, die nur vom Zwitschern eines Vogels oder vom Rauschen eines fernen Wasserfalls unterbrochen wird. › S. 136

☐ **KÖNIG DER LÜFTE**
Am Taiaroa Head lässt sich beobachten, wie Königsalbatrosse am Himmel ihre Kreise ziehen. Mit Flügelspannweiten über 3 m sind die riesigen Meeresvögel ein beeindruckender Anblick. › S. 15

☐ **HÖHLENABENTEUER**
Beim Black Water Rafting in den Waitomo Caves treibt man auf Reifen unter einem Glühwürmchenhimmel durch unterirdische Wasserläufe zurück ans Tageslicht. › S. 12

☐ **TANZ AUF DEM VULKAN**
Heiße Kraterseen, dampfende Felswände, neu entstehende Sinterterrassen – im Waimangu Volcanic Valley konzentrieren sich geothermische Phänomene auf kleinstem Raum. › S. 89

☐ **URALTE BAUMRIESEN**
Im Waipoua Forest wandert man an Giganten wie dem 51,5 m hohen Tane Mahuta vorbei, den die Maori als Waldgottheit verehren. › S. 16

☐ **POLYNESISCHES FESTMAHL**
Bei einem traditionellen Hangi verleiht mehrstündiges sanftes Dampfgaren auf heißen Steinen im Erdofen den Speisen ein unvergleichliches Aroma. › S. 87

💬 **MITBRINGSEL**

- **The One Ring:** Replik des »Rings der Macht« in Sterlingsilber oder Gold, auf jeden Fall aber mit elbischen Runen › S. 17
- **Upside Down Map:** Die Karte zeigt die Welt auf dem Kopf, mit Neuseeland in der Mitte. › S. 17